私説　ドナルド・キーン

角地幸男

文藝春秋

目次

第一部　私説ドナルド・キーン

第二部　日本文学者の原点

第三部 翻訳作法

第四部 評伝を読む

カバー写真　一九六二年三月、京都・奥村邸にて
（撮影・文藝春秋写真部）
扉写真　一九六二年三月、新潮社にて
（撮影・新潮社写真部）
装幀　関口聖司

私説ドナルド・キーン

磯名とスヴェンドリニに

第一部　私説ドナルド・キーン

ドナルド・キーン小伝

はじめに

調べてみて驚いたことに、これまでドナルド・キーンには評伝の類が一つもない。また、ドナルド・キーン論といった形のまとまった論考もない。たとえば吉田健一がキーンとの交遊を語ったエッセイ「ドナルド・キイン」（『交遊録』所収）はある。あるいは弟子のトマス・ライマーが編纂したキーン作品のアンソロジー *The Blue-Eyed Tarōkaja*（「碧イ眼ノ太郎冠者」）、同じく弟子のエミー・ハインリック編纂による世界各国の大学で活躍するキーンの教え子二十九人が恩師に捧げたオマージュとも言うべき日本文化研究の論考集 *Currents in Japanese Culture*（「日本文化の潮流」）はある。しかし書評、本の序文、解説、推薦文、年譜の類を除けば、キーンの評伝、あるいはキーン論と呼べる文章は一切ない。

一方でキーン自身は、『日本との出会い』（*Meeting with Japan*）、『このひとすじにつながりて』（*On Familiar Terms*）、『ドナルド・キーン自伝』（*Chronicles of My Life*）と自伝を三冊書いている。これ以外にも、徳岡孝夫がキーンの口述をまとめた自伝『日本文学のなかへ』、また河路由佳のインタビューに答える形で編纂された米海軍日本語学校時代の貴重な回想『ドナルド・キーン わたしの日本語修行』がある。

古代から現代に及ぶ膨大な『日本文学史』、その文学史の番外篇とも言うべき日本の日記文学を網羅した論考『百代の過客』、また『明治天皇』から『石川啄木』に到る晩年の評伝作品の数々、さらに能、近松の浄瑠璃、芭蕉の紀行から太宰の小説、三島、安部の劇作までを含む数多くの翻訳作品を前にして、そのスケールの大きさに初の評伝筆者は途方に暮れざるを得ない。

文学史最終巻として刊行された古代・中世篇の英語版自序を読んだ詩人の大岡信は、「巨大な学識を持った少年が、過去のうずたかい遺物の山から、忘却の淵に沈んで久しいまっさらな部品の数々を、目を輝かして掘り出してくる姿を思わせる」(「ドナルド・キーンの文学史の意味」、「海燕」一九九五年二月号)と書いた。

司馬遼太郎はキーンとの二冊目の対談集『世界のなかの日本』のあとがきに、「会っていながら、その場ですでに懐しさをおぼえてしまう」、「このようなふしぎな思いを持たせる人は、ほかに思いあたらない」と書く。

また日本在住のキーンの愛弟子ジャニーン・バイチマンは、「キーン先生が日本に来ると、急に陽が差して、あたりが明るくなったような気がする」と、かつて筆者に語ったことがある。そのバイチマンの言葉に呼応するかのように、吉田健一もまた「例へば曇りの天気が続いた後で日が差し始めれば胸が開ける思ひをしないではゐられないのに似てゐる。それが巧まずしてさうであるのも日が人を喜ばせる積りで差してゐるのでないのと同じである」と『交遊録』に書く。

　こうした稀有な印象を期せずして周囲に与えてしまうドナルド・キーンという人物——及ばずながら、その魅力の源泉の片鱗なりとも語りたい。

1

　ドナルド・ローレンス・キーン（Donald Lawrence Keene）は一九二二年六月十八日、貿易商の父ジョゼフ・フランク（Joseph Frank Keene）と母リナ・バーバラ（Rena Barbara Keene）の長男としてニューヨーク市ブルックリンに生まれた。日本の年号では大正十一年にあたるから、のちに日本に帰化した鬼怒鳴門《キーンドナルド》は、すなわち「大正生まれ」ということになる。

　キーンは自分の家族についてほとんど語らなかったし、書かなかった。しかし、日本占領時に連合軍で働いていたアメリカ人たちの「証言」を記録するというメリーランド大学の一連のプロジェクト（*Oral History Project on the Allied Occupation of Japan*）に応じて、キーンは一九八二年にコロンビア大学で長時間にわたるインタビューを受けたことがある。その冒頭で、自分の家族や自分が育った家のことにわずかながら触れている。それによれば、ラジオの部品などを扱う貿易商の父ジョゼフは、ニューヨーク湾に臨む見晴らしのいい土地に事務所を構え、スペインのバルセロナ、マドリッドにも工場を持っていた。実は父の仕事の関係で、中学時代のキーン少年はスペインに移住していたかもしれなかった。しかし一九三六年夏に勃発したスペインの内戦で、キーン一家の移住は立ち消えになった。もしそのままスペインに移住していたなら、すでに十四歳にしてスペイン語に通じていたキーンはスペイン文学の大家になっていたかもしれない。ちなみに、ニューヨーク育ちの母リナは数ヶ国語を解し、特にフランス語に堪能で、キーン少年の誕生日にはいつも簡単なフランス語で書いた詩を贈ってくれた、とある。

ブルックリンの自宅は一戸建てが並ぶ中流階級の住む一帯で、芝生があり、広い裏庭があり、キーン少年も愛犬ビンゴを飼っていた。利発なキーン少年は小学校、中学校、高校を通じてクラスで一番だった。二歳年下に妹のルシールがいたが、キーン十二歳の時に急性呼吸不全で死去。また十四歳の時に両親が別居し、キーンは母リナと同居することになる。父ジョゼフは一九二九年に始まった大恐慌のあおりを食って、貿易商の規模を縮小せざるを得ない状況にあった。

ニューヨーク市立小学校から市立高校までの間に二回飛び級したため、キーンは一九三八年九月、通常より二年早く十六歳でコロンビア大学に入学。両親に負担をかけまいと、自らの力で得たピュリッツァー奨学金による特待生だった。しかし若い頃の二歳の差は大きく、大学では「大人の中に一人だけ少年が交じったようなものだった」と、『ドナルド・キーン自伝』（拙訳、中公文庫、以下『自伝』）は語る。

これより早くキーンにとって最初の決定的な経験が一九三一年、九歳の時に訪れる。父に同行したヨーロッパ旅行での出来事だった。フランスで父の仕事仲間の娘と自動車の後部座席に坐ったキーン少年は、フランス語が話せない。相手の娘は、同様にして英語が話せない。世の中には英語以外の言語があるということ、その言語を知らなければ眼の前にいる相手と意思の疎通が出来ないということを、キーンは痛切に意識せざるを得なかった。この時以来、外国語というものに強く惹きつけられる。そしてフランス語、スペイン語を始めとして八、九ヶ国語を勉強した中に、なぜか日本語が入っていた。

キーンには、十七歳の時に書いたフローベール論がある。論文に記された日付は一九三九年十二月五日。大学二年の授業の課題として提出された英文十九枚に及ぶ「フローベールの象徴主義」（*Flaubert's Symbolism*）と題された論考には、指導教授によるA / Excellentという最高の評点がついている。象徴主義の明確な定義から始まり、『ボヴァリー夫人』などフローベールの作品の数々に見られる象徴性について語った英文原稿は、無駄なく簡潔な達意の文章で、すでに後年のキーンの文体の特徴が現れている。市立中学で学んで以来フランス語が大好きになったキーン少年は、このまま行けばフランス文学者になっていたかもしれなかった。

キーンが生涯大事にしていたフランス語の本に、高校を卒業した祝いに母からもらったバルザックの *Études Philosophiques*（「人間喜劇」中の「哲学的研究」）四冊本がある。また、ケンブリッジ留学時代にパリで見たジャン・ルイ・バロー演じるクローデルの芝居 *Partage de Midi*（「真昼に分かつ」）にキーンは感激し、劇場で売っていた台本を買って特別に装丁させ宝物にしていた（「私とフランス語の本」、『黄犬交遊抄』所収）。晩年になってもキーンのフランス文学嗜好は変わらず、いつだったか、さんざん読み込んで布の背表紙が波打っているプルーストの『失われた時を求めて』の分厚い英訳三冊本（*Remembrance of Things Past*、高名なスコット・モンクリーフ訳をテレンス・キルマーティンが改訂した一九八一年刊行の新訳）を、原著に劣らない素晴らしい名訳だからぜひ読むように、と筆者に貸し与えたことがある。

第二の決定的な瞬間は、コロンビア大学の教室で起った。のちにキーンが教師として大きな影響を受けたと回想するマーク・ヴァン・ドーレン教授の授業で、アルファベット順に坐ったKeeneの隣はLeeという名の中国人だった。親しくなった李《リー》から、世の中に「漢字」という文字があることを初めて知る。それまでヨーロッパの言語しか知らなかったキーンにとって、たとえば横に一本の棒を引いただけでone、二本引くとtwoを表わす表意文字との出会いは衝撃的であったらしい。これが、キーンの漢字嗜好の始まりとなる。画数が多く複雑であればあるほど興味をそそられ、字の形がそのまま意味を表わす漢字特有の性格にキーンは魅せられた。

そして、キーンの将来を予見させる新たな決定的瞬間が、一九四〇年秋に訪れる。ニューヨークのタイムズ・スクエアにある売れ残ったぞっき本ばかり扱う本屋、そこで四十九セントで買ったアーサー・ウエーリ訳 *The Tale of Genji*（『源氏物語』）の二冊本、キーン十八歳。当時中国大陸に侵攻していた「軍国主義」の日本に、「文学」というものがあることさえキーンは知らなかった。ヨーロッパではヒトラーのナチスが台頭、父ジョゼフ譲りの完璧な平和主義者だったキーンは、ヨーロッパ戦線から矢継ぎ早に送られてくる戦争のニュースに、いいかげん嫌気がさしていた。以下、『自伝』本文から引く。

やがて私は、『源氏物語』に心を奪われてしまった。アーサー・ウエーリの翻訳は夢のように魅惑的で、どこか遠くの美しい世界を鮮やかに描き出していた。私は読むのをやめることが出来なくて、時には後戻りして細部を繰り返し堪能《たんのう》した。私は、『源氏物語』の世界と自分のいる世界とを比べていた。物語の中では対立は暴力に及ぶことがなかったし、そこには戦争がなかった。主人公の光源氏は、ヨーロッパの叙事詩の主人公たちと違って、男が十人かかっても持ち上げられない巨石を持ち上げることが出来る腕力の強い男でもなければ、群がる敵の兵士を一人でなぎ倒したりする戦士でもなかった。また源氏は多くの情事を重ねるが、それはなにも（ドン・ファンのように）自分が征服した女たちのリストに新たに名前を書き加えることに興味があるからではなかった。源氏は深い悲しみというものを知っていて、それは彼が政権を握ることに失敗したからではなくて、彼が人間であってこの世に生きることは避けようもなく悲しいことだからだった。

最後の一節は、すでに十八歳のキーンが、おぼろげながらも「もののあはれ」の本質をつかんでいたことを示している。

翌四一年夏、友人の山荘で年長のポール・ブルームなど仲間三人で二ヶ月間日本語を学んだキーンは、秋の四年生の新学期から角田柳作《つのだりゅうさく》の「日本思想史」を受講することになる。キーンが生涯にわたって唯一「センセイ」と呼ぶことになる恩師との出会いだった。最初、ほかに受講者がいない先生との一対一の授業を申し訳なく思ったキーンは、履修の辞退を申し出る。これに対して角田先生は、「一人いれば十分です」と応えた。以下、『自伝』から引く。

……角田先生は私一人のために講義の準備をした。教室に入ると、いつも黒板はびっしり文字で埋まっていて、それは主に漢文の引用だった。私はそれを理解できなかったが、苦労してノートに写した。また先生はいつも、その日に講義するつもりでいる時代の日本の思想家に関する書物を、山ほど抱えてきた。それはただ、もし私が質問して、先生が記憶の範囲で答えることが出来なかった場合に備えてのことだった。

角田柳作から一対一で受けた授業のエピソードは、運命的な恩師との出会いを象徴するキーン伝説の一つとなっている。このあと戦争をはさんで大学院に復学したキーンは、ふたたび角田柳作に師事することになる。戦時中に決定的な「日本語」体験を重ねたキーンにとって、それは遥かに実りの多い結果をもたらすことになった。

2

一九四一年十二月七日（日本時間では八日）、日本軍がハワイの真珠湾を奇襲、太平洋戦争の火蓋が切られた。

翌四二年二月、キーン十九歳、「まさに、ここから、わたしの人生は始まったのである」（『ドナルド・キーン　わたしの日本語修行』、「インタビューを終えて」）という「海軍日本語学校」（前半はカリフォルニア大学バークレー校、後半はコロラド大学）での特訓の日々が始まる。

入学に先立って行われたワシントンでの面接では、語学の習熟能力によってハーバード、コロンビアなど有名大学の上位五パーセントの学生たち三十人ほどが選ばれた。その中の一人に、キーンがいた。

のちに瀬戸内寂聴との対談『日本を、信じる』第三章で、キーンは「自分の生涯でいちばん大事な出来事を一つ選ぶなら、それはアメリカ海軍の日本語学校に入ったことです。それから現在まで、日本語を考えない日はまずありません。自分の生活も、自分の仕事も、あらゆることは、日本語の世界に入ったことから始まりました。（中略）あのとき、海軍の日本語学校に入っていなかったら、私はどんな人間になっていたか、どんな人生を送っていたか、まるで想像ができません」と言い切っている。

海軍日本語学校での授業は当初十六ヶ月の予定が、戦場での語学将校不足が深刻となり十一ヶ月に繰り上げられた。入校と同時に海軍少尉に任官したキーンは、月曜から土曜まで毎日四時間の集中授業を受ける。二時間は読解、一時間は会話、一時間は書き取り。文語体も勉強し、楷書のみならず行書、草書も読めるようになった。同僚には、のちに同志社大学教授となったオーティス・ケーリ、駐日米国大使館の首席公使を務めたデイヴィッド・オズボーン、また九十七歳で亡くなるまでコロンビア大学で東洋思想を教えていたテッド・ドバリーなど、のちの親友たちがいた。またキーンと同期ではないが、少し遅れてエドワード・サイデンステッカーもここで日本語を学ぶ。

十一ヶ月の猛特訓を受けた果てに、最優秀生として卒業生総代となったキーンは、卒業式で約三十分間にわたって日本語で告別の辞を述べた。「そう、一年前は一言半句しゃべることが出来なかった日本語で――」と『自伝』は語る。この海軍日本語学校で読めるようになった「手書きのくずし文字」が、従軍後のキーン、さらには戦後の日本学者ドナルド・キーンにとって決定的な「日本語」体験を呼び寄せることになった。

ちなみに、この「手書きのくずし文字」の解読で、のちにキーンは海軍のニミッツ提督から表彰されている。「戦時中および戦後にかけて、アメリカ軍人の功績に対していろいろ勲章が授与されたが、日本人が草書で書いた書類を解読したということで表彰状を貰ったのは私だけではないかと思う。（中略）四年間にわたる海軍服務期間中一度も銃を撃ったり、命令をしたりしたことがない将校としてありがたい勲章であったことは事実である」（「英語の草書」、『私の日本文学逍遥』所収）と、キーンは書く。

一九四三年一月、卒業と同時に海軍中尉に昇格したキーンが最初に派遣されたのは、ハワイの真珠湾にある海軍情報局。そこでキーンは、ガダルカナル島で採集された日本人兵士の手帳と運命的な出会いをする。『自伝』本文から引く。

ある日、押収された文書が入っている大きな木箱に気づいた。文書からは、かすかに不快な臭《にお》いがした。聞いた説明によれば、小さな手帳は日本兵の死体から抜き取ったか、あるいは海に漂っているところを発見された日記だった。異臭は、乾いた血痕から出ていた。手帳に触れるのは気味悪かったが、注意深く血痕のついてなさそうな一つを選び出して、翻訳を始めた。最初は、手書きの文字が読みにくかった。しかし、今まで訳していた印刷物や謄写版《とうしゃばん》で刷られた文書と違って、これらの日記は時に堪えられないほど感動的で、一兵士の最後の日々の苦悩が記録されていた。

さらに、『自伝』は言う。

日本人兵士の日記には、時たま最後のページに英語で伝言が記してあることがあった。伝言は日記を発見したアメリカ人に宛てたもので、戦争が終ったら自分の日記を家族に届けてほしいと頼んでいた。禁じられていたことだが、私は兵士の家族に手渡そうと思い、これらの日記を自分の机の中に隠した。しかし机は調べられ、日記は没収された。私にとって、これは痛恨の極みだった。私が本当に知り合った最初の日本人は、これらの日記の筆者たちだったのだ。もっとも、出会った時にはすでに皆死んでいたわけだが。

こうした日本人兵士たちの「日記」との出会いが、後年の『日本文学史』における日記文学の重視、また、歴史に埋もれていた平安朝から現代までの日記を集大成し個々に論考を加えたキーンならではの力作『百代の過客　日記にみる日本人』全二巻（*Travelers of a Hundred Ages, Modern Japanese Diaries*）、ひいては晩年の『日本人の戦争　作家の日記を読む』（*So Lovely a Country Will Never Perish*）といった著作に繫がって行く。

キーンの戦時の履歴は、一九四二年二月の海軍日本語学校に始まってハワイ・真珠湾、アッツ島、キスカ島、アダク島、ふたたびハワイ・真珠湾、フィリピン、沖縄、グアム、中国・青島、済南、東京の四六年一月まで続く。アッツ島で、キーンは日本軍の「玉砕」に立ち会った。また沖縄上陸前、輸送船の上で「神風」特攻機と遭遇、キーンはデッキに立ち尽くしたまま動くことが出来なかった。

沖縄戦での情報将校キーンについて、ノンフィクション作家の下嶋哲朗が興味深い記事を書いている（「ドナルド・キーンの太平洋戦争」、「現代」一九九五年七月号）。

ハワイ在住の沖縄系二世、比嘉武二郎は沖縄戦の際に第九十六歩兵師団の情報兵としてキーン中尉の部下だった。比嘉にとってキーンは、「危険な異次元に迷い込んだ〝動く言語研究室〟」といった具合だったらしい。銃は決して持たず、代わりに研究社の分厚い和英辞典を小脇に抱えていた。比嘉の兄で同じ部隊にいたウォーレンの証言によると、彼ら情報兵には数種の辞典類が配られたが、どの班も辞典類は捨ててしまい、代わりに食料を詰め込んだ。「皆が生き残りに腐心するとき、キーンは日本語の勉強に熱中したのだ」と下嶋は書く。このあと、記事から直接引く。

〝動く言語研究室〟はしかも戦場を少しも怖がらないからやっかいだった。ウォーレンは上官のキーンをなんとかここから無事に帰してやりたい、と気を配った。部下の心配を知ってか知らずかキーンは鉄兜もかぶらず、ライフルどころかサイド・アーム（ピストル）も持たずに戦場を歩き回るのである。

キーンは戦場へ出掛けるときでさえも、命令口調は絶対に使用しなかった。

「ぼくと一緒に行くもの、いる？」

キーンの身を案じる完全武装の部下たちが、いっせいにテントから飛び出してきた。

戦争がこれほど似合わない将校は見たことがなく、危なくって放っておけなかったと、ウォーレンはいう。だから戦場ではウォーレンを将校にした方がずっと役に立ったと思う、というのは、情報兵の一人、柳村である。

住民の三人に一人が死ぬという、激烈な鉄の嵐が吹きすさんだ沖縄戦だった。こうした戦闘に、キーンは確かに参加したのである。

筋金入りの平和主義者、ドナルド・キーンの面目躍如たるものがあるではないか。そう、キーンは戦時中からすでに筋金入りの「日本学者」だったのだ。そういうキーンを、司馬遼太郎は親しみを込めて「戦友」と呼ぶ。

キーンは晩年、ペリリュー島の玉砕を題材にした小田実の小説『玉砕』に感動し、直ちに英訳して *The Breaking Jewel* を刊行した。当時の小田との対談（「新潮」一九九八年十月号。小田実『玉砕／Gyokusai』所収）で、キーンは言う。

……私は、小田さんの本を読むまでは、何と言いましょうか、日本人はみんな酔っていたんだというふうに思っていました。（中略）自分の理想とかあるいは信条とか、そういうものに酔ってたから、死ななくてもいい時でも死んだ、自殺した、と思った。そして、どうして日本人はもう少し自分の生命を貴重なものだと思わないか、どうしてそう簡単に命を捨てるかと、非常に理解しにくかった。それは私にとって永遠の謎という形で残っていたんですが、小田さんのご本を読んで初めてわかるような気がしました。

ペリリュー島やそれに似た島で起きた出来事は、決して気違い沙汰ではなかったんだと、この本を読んで思いました。

これに対して小田実は、対談の後半で次のように語っている。

……自分は立派な軍人を書いてやろう、立派なやつが本当に戦ったらどうなるかというのを書こうとした。私の『玉砕』に出てくるのはみんな優秀な軍人でしょう。立派なやつが必死に戦って、しかもなんにもならんわけでしょう。結局、なんのために戦ったかわからない。それをちゃんと書くべきだと考えたんですよ。安易な反戦文学じゃなくてね。

アッツ島で実際に日本軍の「玉砕」を目の当たりにしたキーンにとって、これは長年の疑問が氷解した瞬間だった。

一九四五年八月、グアムで終戦の「玉音放送」を聞いたキーンは、中国の青島に派遣される。その後、同年十二月、済南経由で日本の厚木に降り立ったキーンは、ハワイの原隊復帰を横須賀と偽って、そのまま東京に滞在。真珠湾の捕虜収容所で知り合った日本人捕虜の留守家族を訪ね、また仲間とジープで日光東照宮に行く。そして一週間後、原隊の場所が横須賀と思ったのは自分の「誤解」だったことを司令部に報告したキーンは、翌朝未明、東京湾の木更津からホノルル行きの帰還の船に乗る。以下、『自伝』から引く。

　船は一向に出航する気配を見せなかったが、ついに真っ暗な湾へと動き出した。デッキに立って、湾内を見渡していた時だった。目の前に突然、朝日を浴びてピンク色に染まった雪の富士が姿を現した。それは日本と別れを告げるにあたって、あまりに完璧すぎる光景だった。眼を凝《こ》らして見ているうちに、富士は徐々に色を変えていった。感動のあまり、私は涙が出そうになった。かつて誰かが、言ったことがあった。日本を去る間際に富士を見た者は、必ずまた戻ってくる、と。それが本当であってほしいと思った。

キーンがふたたび日本の土を踏んだのは、約八年後の一九五三年八月だった。

3

一九四六年一月、ハワイで海軍大尉として除隊の手続きを済ませたキーンは、ニューヨークへ戻り、「民間人」としての生活を再開する。当時、日本が戦前の地位を取り戻すには少なくとも五十年はかかると一般には思われていた。語学将校の同僚の中には、東アジアの強国として日本に取って代わるのは中国だと見越して、中国語の研究に切り替える者もいた。将来の仕事の可能性もないまま、不安の中でキーンが日本語を選択したのは、「ただなんとなく自分が気質的に日本研究に合っていると感じたからだった」と『自伝』は言う。また『ドナルド・キーン　わたしの日本語修行』は、日本研究を選択するにあたって二人の先輩の助言があったことに触れながら、しかし「自分が日本語に向いているという直観」と言い、「日本語に向いているという確信」と繰り返す。

すでに一九四二年二月にコロンビア大学の学士号を取得し、六月に卒業（もちろん、海軍日本語学校にいたから卒業式は欠席）していたキーンは、コロンビア大学大学院に復学する。この大学院で、海軍時代の四年間に培われたキーンの「日本語」という肥沃な土壌に、のちに次々と芽を出すことになる多彩な種を蒔いたのが恩師の角田柳作だった。

角田柳作は専門の「日本思想史」に加えて、学問に飢えていたキーンたち復員学生たちの希望で、平安文学、仏教文学、元禄文学まで教えた。角田先生は、学生たちに「酷使」された。

「日本思想史」の授業で学び、修士論文にした本多利明《としあき》の研究（のちに *The Japanese Discovery of Europe*『日本人の西洋発見』として結実。さらにこれが、晩年の評伝『渡辺崋山』へと繋がって行く）、また江戸期の文学の授業で学び、博士論文にした近松の『国性爺合戦』（*The Battles of Coxinga*、これがのちの近松浄瑠璃の翻訳集 *Major Plays of Chikamatsu* に繋がる）、同じく芭蕉の『おくのほそ道』（のちに *The Narrow Road to Oku* の題で翻訳）、能の「松風」「卒都婆小町」（のちにロイヤル・タイラーを始めとするコロンビア大学の教え子たちの翻訳を編纂する形で *Twenty Plays of the Nō Theatre* を刊行）、兼好法師の『徒然草』（のちに *Essays in Idleness* の題で翻訳）等々、キーンの著作、編纂、翻訳の中心的なテーマは、すべてこの時の角田柳作の授業から生まれたのだった。

また同時期の角田の「日本思想史」の講義を、親友テッド・ドバリーと協力して編纂したのが *Sources of Japanese Tradition*（「日本の伝統の源泉」）。この九二八ページに及ぶ大冊には古代から現代に到る神道、仏教、儒教の変遷を主流に、戦国武将の書簡から明治後のリベラリズムまで文献が網羅され、その博引傍証と手際のいい記述は、キーンが受けた角田柳作の「授業」の魅力を彷彿とさせる。

一九四七年秋から一年間、キーンはハーバード大学に「遍参《へんざん》」した。これは角田先生の言葉で、仏教の修行僧が一つの修行場（コロンビア大学）から次の修行場（ハーバード大学）へと旅して歩くことになぞらえたものだった。気鋭の日本史の助教授エドウィン・ライシャワー（のちにケネディ政権時の駐日大使）、また杜甫の詩を講義するウィリアム・フン教授の二人から強い影響を受けたキーンは、一方で当時の高名な日本学者セルゲイ・エリセーエフ教授の「無味乾燥」な講義に失望する。以下、『自伝』から引く。

エリセーエフの影響が顕著に現れたのは、私がコロンビア大学で教え始めた時だった。私は彼がしたことと、すべて反対のことをした。「日本文学概論」の教室に入る時、私は何も持っていかなかった。もちろん、講義の準備はした。しかし私は、自分の講義を毎年新たな気持でやりたかった。（中略）教師として私に出来る一番大事なことは私の情熱、私の日本文学に対する愛情そのものを学生に伝えることであって、本の中の事実をただ受け渡すことではないと私は考えていた。講義は知識を伝えるのに必ずしも最適の場ではない、と私は判断を下していた。

『自伝』は、続く。

私のこうした姿勢は、その多くをマーク・ヴァン・ドーレンに負っている。ヴァン・ドーレンは、私が理想と思える方法で講義をした。もちろん私は角田先生からも恩恵を受けたし、それはウィリアム・フン教授にしても同じことだった。一般大衆のために書くという私の目標は、おそらくライシャワーの影響によるものである。私はエリセーエフにも多くを負っていて、それは自分がしてはならないことの手本を彼が示してくれたからだった。

教師としてのキーンに多大な影響を与えたというコロンビア大学時代のマーク・ヴァン・ドーレンの「西洋古典文学研究」の授業については、『自伝』前半で次のように語っている。

ヴァン・ドーレン教授は、驚嘆すべき先生だった。学者で詩人だったが、なによりも文学がわかる人間で、しかもその文学を私たちにも理解させることが出来たのだった。講義では一切ノートを使わず、まるでどの作品にも初めて取り組んでいるかのように、その場で考えていることを思わず口に出したりした。彼は絶えず学生に質問して、それは学生たちの知識を試すためではなくて、読んだ作品が学生たちにとってどんな意味を持つかを知りたいからだった。注解書や専門的な文学批評は、ほとんど使わなかった。教授が私たちに教えた一番肝心なことは、作品を読み、それについて考え、なぜそれらの作品が古典とされているかを自分で発見することだった。私が日本文学の教師として成功しているとしたら、それはマーク・ヴァン・ドーレンを手本としたからである。

ちなみに、このヴァン・ドーレンの「手本」は、キーンの授業で具体的にどのような形を取ったか。その一例として教え子の一人デイヴィッド・ルーリー（コロンビア大学ドナルド・キーン日本文化センター所長）の証言を、次に引いておく。

その授業の最初の日に、教室の扉がぱたっと開いて、キーン先生が部屋に入ってきて、集まっていた学生たちの前にお座りになって、テーブルにボールペン一本と一枚の何も書いていない紙を置かれました。そして謡曲について語り始めました。五十分ぐらいの講義という感じで、とても丁寧に謡曲というものを紹介して、その歴史や用語とか、世阿弥たちについての簡単な情報とか、謡曲を初めて勉強する学生のための基礎知識をすごく分かりやすく説明して下さいました。先生の日本文学に関する深い知識と情熱は、既に何冊かの著書から知っていましたが、その先生のもとに座ってその話を直接聞かせていただくチャンスがあって、本当にありがたく嬉しかったです。でも一番感動したのは、その前に置かれた空白の一枚の紙に、話しながら、一行ずつ自分が述べている謡曲の講義のアウトラインを書いていったことでした。（河出書房新社・ＫＡＷＡＤＥ道の手帖『ドナルド・キーン』所収。以下、肩書は収録時のもの）

キーンは自分の講義を聴きながら、おそらくいずれ書くことになるであろう『日本文学史』の草案として、自分の講義そのものを、受講している学生の一人となって空白の一枚の紙にノートしていたのだった！

4

ハーバード大学への「遍参」を終えた一九四八年九月、ヘンリー奨学金を手に入れた二十六歳のキーンは、英国ケンブリッジ大学のコーパス・クリスティ・コレッジ（Corpus Christi College）に留学する。留学中のキーンは『荘子』を中国語で読み、またコロンビア大学に出す博士論文『国性爺合戦』の研究を仕上げるかたわら、日本語・日本文学の教師としての第一歩を踏み出すことになった。

日本語の教師が不足していたケンブリッジで、キーンは講師として日本語ならびに朝鮮語の授業を担当するように依頼される。日本語を初めて学ぶ入門クラスでキーンが使ったのは、『古今和歌集』の仮名序だった。ケンブリッジではギリシャ、ラテンの古典語を学ぶ伝統があったから、日本語についてもまず初級で古典を扱い、二年目から現代の日本語を学ぶ仕組みになっていた。のちにキーンは言う、「『古今和歌集』の序文の語彙は限られていますし、漢字もあまり使われていません。その上、文法は文句なしに規則的で、例外がないと言っていいほどです。ですから学びやすいのです」（『ドナルド・キーン　わたしの日本語修行』）。その『古今和歌集』仮名序、冒頭の有名な一節。

やまと歌《うた》は、人《ひと》の心《こゝろ》を種《たね》として、万《よろづ》の言《こと》の葉《は》とぞ成《な》れりける。（中略）花《はな》に鳴《な》く鶯《うぐひす》、水《みづ》に住《す》む蛙《かはづ》の声《こゑ》を聞《き》けば、生《い》きとし生《い》けるもの、いづれか、歌《うた》を詠《よ》まざりける。力《ちから》をも入《い》れずして、天地《あめつち》を動《うご》かし、目《め》に見《み》えぬ鬼神《おに》をも哀《あは》れと思《おも》はせ、男女《おとこをむな》の仲《なか》をも和《やは》らげ、猛《たけ》き武人《もの゛ふ》の心《こゝろ》をも慰《なぐさ》むるは、歌《うた》なり。（『新日本古典文学大系5　古今和歌集』岩波書店より）

日本語・日本文学の教師として最初に教えたテキストが古今序であったことは、キーンの学者としての生涯を象徴していると言っていい。詩歌、つまり文学は、つまるところ「言葉」である。ないしは「言葉の働き」である。キーンは、まず李を通じて漢字という表意文字の魅力に取り憑かれ、のちに角田柳作が教える漢字仮名まじりの日本語の文章の絶妙な呼吸に惹かれた。また十八歳のキーンが『源氏』の世界に惹かれたのは、それが異国情緒あふれる昔の日本文学だったからではない。ウエーリの翻訳の文章そのものが、比類ない名文だったからだった。ウエーリの気品ある「英語」の文体、ひいてはその文体が予見させる気品ある「日本語」という言葉そのものにキーンは惹かれたのだった。（これは、のちにウエーリ訳よりも原文の字句に忠実とされるサイデンステッカー訳、さらに愛弟子ロイヤル・タイラーの新訳が出た後もなお、ウエーリ訳を英文『源氏』の筆頭に挙げている事実からも窺われる。）

のちにキーンは、文学史最終巻として刊行された古代・中世篇全体のタイトルとして、ケンブリッジで初めてテキストに使った古今序の一節から*Seeds in the Heart*（人の心を種として…）という題を選び、『古今』とりわけ『新古今』の和歌の論考に『日本文学史』全体のバランスから見て異例のページ数を割くことになる。

ケンブリッジ滞在の五年間に、尊敬する先達としてのアーサー・ウエーリと出会い、また「先生」とも「母親」とも慕ったディキンズ夫人、哲学者バートランド・ラッセル、小説家E・M・フォースターと親しく付き合った。その合間を縫ってのロンドンでは、十六歳の時にニューヨークのメトロポリタン劇場の天井桟敷でオペラに目覚めたキーンが、「私のオペラ観劇の経験すべての中で最高の舞台」と呼ぶマリア・カラス『ノルマ』との劇的な出会いを果たす。

ケンブリッジ滞在四年目の春、キーンはコレッジの大教室で学生も含めて十人足らずの一般聴衆（当時の英国人の日本に対する関心は極めて低かったし、十人の中には下宿の奥さんと旦那さんも義理堅く出席していた）を相手に、五回にわたって日本文学の講義を行なった。この講義をもとにした*Japanese Literature : An Introduction for Western Readers*という小型の袖珍本が一九五三年に英国で出版され、のちに各国語に翻訳されることになる。吉田健一訳で版を重ねた日本語版（『日本の文学』、一九六三年刊行）には、この五回の講義以外にキーンが日本語で書いた原稿五篇（「近松と欧米の読者」のみ吉田健一訳）が併録されている。その中の「近松とシェイクスピア」で、キーンは近松浄瑠璃研究史上に輝く次の有名な一節を書く。

『曽根崎心中』の徳兵衛は、道行に出かけるまでは、絶対に優れた人物ではないが、自分の行動について「此の世のなごり、夜もなごり、死《しに》に行く身をたとふれば、あだしが原の道の霜、一足づつに消えて行く夢の夢こそあはれなれ」と言うところでは、どの王様にも負けないほど沽券《こけん》がある。道行までの徳兵衛はみじめであって、われわれの尊敬を買わないが、寂滅為楽《じゃくめついらく》を悟った徳兵衛は歩きながら背が高くなる。（傍点引用者）

それまで近松研究家の間でまったく無視されてきた「道行」の劇的重要性を、「歩きながら背が高くなる」という絶妙な一句で示したキーンの評言を、日本語版の解説を担当した三島由紀夫は「こうした重要な機能を発見したのは『日本の詩』（筆者注・ケンブリッジ大学での講義の一章）を書いたキーン氏の詩人的洞察に依るもので、この発見を、氏は美しい表現で語る」と書く。

ケンブリッジ留学から約三十年の時を隔てて、キーンは一九八一年にケンブリッジ大学から文学博士（Doctor of Letters）の学位を授与されることになった。これは論文や本を書いた大学院生に与えられるふつうの博士号と違って、それまでの学者としての仕事すべてに対して授与される名誉ある称号だった。その審査の対象となったのは、友人の永井道雄によれば*The Japanese Discovery of Europe*（『日本人の西洋発見』）、*World Within Walls*（『日本文学史　近世篇』）、*Major Plays of Chikamatsu*（近松作品の英訳集）、そして*Landscapes and Portraits*（『風景と肖像』、一部が『日本人の美意識』に収録）の四冊。授与式当日の模様を、『自伝』は次のように伝えている。

……この博士号を受け、約三十年の時を隔ててケンブリッジとの関係が復活したことは、私にとって大きな名誉だった。知り合いの教授の何人かは今でも教壇に立っていて、私のことを覚えていた。しかし一番感動したのは、かつて住んでいたコレッジの守衛長の挨拶の言葉だった。「お帰りなさい、先生」と、彼は言ったのだった。

博士号の授与式は、数世紀前にさかのぼるケンブリッジの伝統に則って執《と》り行なわれた。私は文学修士のガウンを着て、大学副総長の前で真紅のベルベットのクッションにひざまずいた。お祈りの時のように指を組んだ私の手を、副総長は両手で包み込み、ラテン語で何か言った。私は答えて、伝統的な文句を短く呟《つぶや》いた。私は、あたかも自分が古代の学者たちの仲間入りをして、過去の多くの偉人たちに連なったような気がした。

5

一九五三年八月、フォード財団の奨学金を得たキーンはケンブリッジ大学に籍を置いたまま、京都大学大学院留学のため約八年ぶりに日本の土を踏む。キーン三十一歳。京都市東山区の今熊野の閑静な邸宅に下宿を用意したのは、海軍日本語学校時代の親友オーティス・ケーリだった。すでにケーリは同志社大学で教えていて、京都で顔が広かった。下宿の家主は奥村綾子。キーンが借りたのは、奥村邸の離れ「無賓主庵《むひんじゅあん》」だった（現在、同志社大学構内に移築保存されている）。この奥村邸で同じ下宿人として初めてキーンと出会った「終生の友」永井道雄は、おそらくキーンについて書いた唯一の文章ではないかと思われるが、当時のキーンのことを次のように証言している。

氏が天才的で鋭い感覚と明晰な思考力をもつことは、多くの人々が知っている。しかし、大変な努力家であることを私は熟知しているし、狂言を熱心に練習して、奥村邸の離れに面した山にむかって、「太郎冠者いるかやーい」と大声で叫ぶ茶目っ気も目撃している。
（「ドナルド・キーンに二つ目の学位」、「諸君！」一九七八年十月号）

キーンが「大変な努力家」であること、そして学者として取り澄ましているどころか「茶目っ気」たっぷりの洒脱な人物であること――キーンと専門は違うが、やはり少壮気鋭の社会学者として奥村邸の下宿で若き日々を共にした親友・永井道雄ならではの評言である。

京都大学大学院で芭蕉の研究に没頭し、余暇には京都の町を隈なく歩き、また茂山千之丞から狂言の稽古をつけてもらう一方で、キーンは下宿「無賓主庵」の文机に向かって日夜こつこつと、*Anthology of Japanese Literature*（日本文学選集・古典篇）、*Modern Japanese Literature*（日本文学選集・近現代篇）の編纂に打ち込んだ。一九五五年、五六年にニューヨークのグローブ・プレスから相次いで出版されたこの二冊は、世界各国の大学で初めて日本文学入門のテキストとして使われ（つまり、この二冊が出るまで日本文学は、海外の大学の授業で使える恰好な英語のテキストを一冊も持っていなかった、という意味である）、後進の若き外国人日本文学研究者たちを数多く世に送り出すことになる。

留学期間一年の期限が切れ、ケンブリッジ大学から延長を許可されなかったキーンは、丁度この時期に誘いを受けた母校のコロンビア大学に籍を移すことになる。コロンビア大学は、継続してさらに一年間の日本での留学体験をキーンに与えた。

その実り多い京都留学中、永井道雄の紹介状を持って当時東京・丸の内にあった中央公論社の社長室に嶋中鵬二《しまなかほうじ》（永井の幼友達で、のちに永井と同じくキーンの「終生の友」となる）を訪ねたキーンは、嶋中を通じて三島由紀夫を知る。一九五四年十一月に始まった三島との交遊は、一九七〇年十一月の三島の自決まで十六年間にわたって続く。

また時期は相前後するが吉田健一を始めとする親友たちと出会い、さらに永井荷風、谷崎潤一郎、志賀直哉、川端康成の面識を得る。特に谷崎は、キーンが留学中に「中央公論」に日本語で書いたエッセイをまとめた『碧い眼の太郎冠者』に序文を書き、その中で「いつも汽車は三等に乗り、あまりパッとしない背広服を着、古ぼけた靴を穿き、少しも辺幅を飾ろうとしない」キーンを「友人」と呼んでいる。

後年、その谷崎家でのエピソード。丸谷才一は、洒脱な学者キーンの風貌を次のように活写している。


……いつぞやわたしが、谷崎さんの奥さんの前で、鴨長明はこの歌を口にすれば炎暑の日といへどもたちまち涼気が訪れると述べた、といふ話を紹介して、紀貫之の和歌を、「思ひかね妹がりゆけば冬の夜の」とそこまで引いて詰まつてしまつたとき、彼はすぐさま、「川風さむみ千鳥鳴くなり」と言ひ添へ、別に得意さうな顔もしなかつた。（中略）かういふ学殖の持主が、しかも西欧ふうの文学観も充分に身につけた上で、つまり普遍的な文学として日本古典文学について語るのを聞くことは楽しい。いつしよに杯をあげる時間が、つい長くなるのも当然だらう。（中公文庫『碧い眼の太郎冠者』解説。『丸谷才一批評集　第五巻　同時代の作家たち』所収）

一方、茂山千之丞のもとで稽古に励んだ狂言は、のちに一九五六年九月十三日、東京・品川の喜多能楽堂で自ら演じた「千鳥」の太郎冠者として実を結ぶ。相手役の酒屋の主人は、当時「武智歌舞伎」で知られた武智鉄二。以下、『自伝』から引く。

その時の上演の一部を、五分ばかりのビデオで見ることが出来る。（中略）今それを見ると、そこで朗々とセリフを述べ、仕草をし、飛び上がり、果ては「おんまがまゐる」という言葉で退場する人物が、この自分だとはとても信じられない。もっと信じ難いのは、ビデオに写っている観客の顔ぶれである。谷崎潤一郎、川端康成、三島由紀夫、松本幸四郎（八代目）をはじめとする著名な人々が居並んでいる。それは、私の生涯に一度の晴れ舞台だった。（松本幸四郎（八代目）は、のちの白鸚のこと＝引用者注）

京都留学の最初の年である一九五三年十月、キーンは伊勢神宮式年遷宮に参列した。「式に出たいという私の理由は、いたって簡単だった。『奥の細道』は、芭蕉が遷宮をおがもうと舟に乗るところで終っている。私は、芭蕉が書き残した足跡をたどりたかった。それに、遷宮という特別の儀式を見る絶好の機会も逃したくなかった」と、キーンは言う。それ以来、二十年おきに行われた遷宮の式典に、キーンは続けて四回（一九五三、一九七三、一九九三、二〇一三年）参列している。初回は三十一歳、四回目は九十一歳。その京都留学中の「遷宮」初体験を、のちにキーンは次のように書く。

……唯一の明りである松明《たいまつ》が神秘に明滅しながらあたりを照らしていた。そして、最後に絹垣《きんがい》を奉ずる行列のクライマックスが来た。神官たちに運ばれる絹垣には絹の覆いがかけられ、神はその中にいて、新しいおくつきへと導かれていくのだ。明りといえば、わずかに神官たちの足もとを照らす提灯があるだけだった。

絹垣が私の前を通過したときのことを、私は生涯忘れないだろう。奉拝者たちが打つかしわ手は、ほのかな喝采にさえ似て、しかもそれは向こうで鎮まったかと思うとやや近くで高まり、横に移動しながら迫ってくるのであった。そして、玉砂利を踏んでゆく神官たちの沓《くつ》の音がそれにまじった。

宗教的な儀式に居合わせるといつも居心地が悪く、ときには苦痛さえも感じる私が、このときだけは超自然的なまでの歓喜を覚えた。神道を信じているわけでもないのに、私は、絹の覆いの中にはっきりと神の存在を感じていた。たとえそれがなにかの間違いで地に落ち、中が空っぽなことがわかっても、そんなことは問題ではなかった。絹垣の中には、何世紀にもわたる日本人の信仰が宿ってい、それは目に見えるものよりもかえって強力な実体だったのである。（「伊勢遷宮・私と日本の二十年」徳岡孝夫訳、「諸君！」一九七四年二月号。

『日本を理解するまで』所収）

そして二年間の京都留学が終る一九五五年春、キーンは念願だった芭蕉が旅した奥の細道の足跡をたどり、「中央公論」六月号に「紅毛奥の細道」を発表した。

6

一九五五年九月、京都留学を終えてニューヨークに戻ったキーンはコロンビア大学助教授に就任（一九六〇年に教授に昇格）、母校で教鞭をとることになった。ここでもキーンの教師としての一面を、大学院でキーンに師事したジャニーン・バイチマンの言葉で伝えておきたい。

この授業でわたしたち学生が翻訳したものをもとにして、一九七〇年、*Twenty Plays of the Nō Theatre*（『謡曲二十選』）がコロンビア大学出版から刊行されました。（中略）用意しましたこちらの原稿は、本になる前のわたしの「遊行柳《ゆぎようやなぎ》」翻訳原稿で、書き込みは、キーン先生によるものです。先生は鉛筆で書き込みをなさいますが、鉛筆だと消えやすいので、わたしが上からボールペンでなぞったのです。先生は「絶対にこうしなさい」と言うことはないのですが、大抵の場合、なるほどと思いますから、本になった翻訳には、キーン先生の添削が反映されています。先生の書き込みを見ると、文法や意味だけでなく、音の響きにも言及されています。日本語の意味を逐語的に移しつつ、原文の日本語が美しいのと同じように、翻訳の英語も美しくなければならないのです。（中略）キーン先生は過去の翻訳を参照したりしないで、新しい学生と新しく翻訳します。いつも新しいのです。先生はノートを見ないで日本文学を語られるので、そのパッションが伝わってくるのです。

（河路由佳によるインタビュー、『ドナルド・キーン　わたしの日本語修行』に収録）

キーンの「添削」で言及されている「音の響き」、また、特に最後のくだりからは例によってヴァン・ドーレン直伝のキーンの授業の新鮮な息吹が、そのまま伝わってくるようである。Te maestro, te duca この師にしてこの弟子あり、ということだろうか。この「師」と「弟子」は勿論、ヴァン・ドーレンとキーンの師弟関係であると同時に、教師としてのキーン自身とロイヤル・タイラー、トマス・ライマー、アイリーン加藤、エミー・ハインリック、ローレンス・コミンズ、すでに引用したデイヴィッド・ルーリー、ジャニーン・バイチマンを始めとするキーンの優れた弟子たちとの関係を暗示するものである。

キーンが『日本文学史』の構想を抱き始めたのは一九六四年、それまで約十年間にわたってコロンビア大学で積み重ねてきた自分の講義がきっかけだった。当時のキーンは、『古事記』から現代作家の作品まで日本文学全体について講義していた。『自伝』から引く。

……時々昔の学生たちから手紙をもらうことがあって、それによれば学生たちは私が日本文学について教えた内容は忘れてしまったが、私が講義で示した熱意のことはよく覚えているというのだった。（中略）ある時点で頭にひらめいたことがあって、それは自分の講義を書いてみたらどうだろうかということだった。それも自分の授業のためだけでなしに、私の学生以外の人々にとっても有益な知識となればいいと思った。私は自分の講義に基づいて、大ざっぱに草稿をタイプし始めた。

惜しむべし（！）、この形の原稿が実現していれば、キーンの「熱意」が教室の臨場感そのままに伝わってくる今一つの「日本文学史」を読むことが出来たかもしれない。しかしその直後、ソ連を訪ねたキーンは、レニングラード大学のエフゲーニア・ピヌス教授と交わした会話がきっかけとなって、文学史の構想を百八十度転回させることになる。

私が書こうとしている日本文学史のことが、二人の話題になった。私は自分の計画として、日本文学の美を明らかにする楽しい本を書きたいと言った。「著者の生没年や伝記的な事実を入れるつもりはない。作品そのものについてだけ書きたい」と私は付け加えた。

「しかし、読者が生没年を知る必要のある時はどうすればいいの」と彼女は尋ねた。「ほかの本で探すことが出来るでしょう」と私。「どの本ですか」と彼女は質《ただ》した。そう言われれば、「ほかの本」などないことに気づいた。少なくとも、英語ではなかった。

こうして文学史の構想を一から考え直すことを強いられたキーンは、文字通りライフワークとなった『日本文学史』の執筆に、新たな構想の準備から完成まで二十五年の歳月を費やすことになる。最初の近世篇 *World Within Walls*（鎖国をイメージした「壁の中の世界」）が出たのは一九七六年、近代・現代篇 *Dawn to the West*（開国をイメージした「西洋への夜明け」）が出たのが一九八四年、最後の古代・中世篇 *Seeds in the Heart*（すでに述べたように古今序から取った「人の心を種として…」）が出たのは一九九三年。

『安部公房全集』第二十七巻に、一九八四年頃に書かれたと推定されるフロッピー・ディスクに入っている「キーン氏論文の推薦文」と題された文章が収録されている。内容から見て「キーン氏論文」というのは明らかに『日本文学史』のことだが、文学史の日本語訳を出版した中央公論社の編集者も、キーン自身も記憶にないという幻の「跋文」。いかにも安部公房らしい言葉で、しかも端的にキーン「文学史」の急所を突いた推薦文なので、ぜひとも紹介しておきたい。

日本文学は、あまりにも長く地下に埋れていたために、その全体像は日本人自身にも掴みにくいものだった。時代や様式によって異なるばらばらな尺度が適用されていた。まとまりのある一つの鉱脈であることを発見するためには、ドナルド・キーンの探索を待たなければならなかったのである。西洋人にとっての発見だったばかりでなく、日本人自身にとっても、はじめて自分の顔を直視した驚きに似た衝撃をともなっている。

これは尺貫法によって書かれた日本文学史ではない。日本文学の特殊性を取りこぼさずに、しかもメートル法によって書かれた稀有な仕事である。（傍点引用者）

7

文学史の構想を得た一九六四年、キーンは日本に初めて「自分の家」を持った。といっても、住所は長野県北佐久郡軽井沢町大字……、親友・永井道雄の別荘からちょっと山道を下ったところにある。まだ幼かった永井の次女・朝子が「小鳥さんの家みたい」と言ったとおり、西洋風を模した別荘ばかりが点在する軽井沢には珍しく赤い瓦屋根の小さな日本家屋で、畳を敷いた居室の六畳間には床の間まで付いている。この「草庵」で、のちにキーンは自分の翻訳の中でも一番気に入っているという *Essays in Idleness*（『徒然草』）を仕上げることになる。

その後、東京・文京区西片に初めて自宅マンションを購入したのは一九七一年、現在の北区西ヶ原に転居したのが一九七四年。すでに四十三年間住んでいる西ヶ原のマンションの書斎からは、一望緑豊かな旧古河庭園の中にジョサイア・コンドル（鹿鳴館の設計者）が建てた瀟洒な洋館が見える。

一九五〇年代後半から六〇年代にかけてのキーンは、毎年九月から五月末までコロンビア大学で教え、長い夏の休暇の三ヶ月間を京都の奥村邸で過ごすのが習いで、新幹線工事のために奥村邸の景観が変わってしまった一九六一年以降は東京・原宿のアパートに住んだ。しかし東京に自宅マンションを購入した一九七一年を境に、だいたい一年の前半（一月〜五月）をニューヨークのコロンビア大学で教え、後半（五月〜一月）を日本で過すという生活を始める。この日米往復の生活パターンが、コロンビア大学を正式に退職する二〇一一年まで続く。

その間、一九六一年にコロンビア大学から一年間のサバティカル（有給休暇）を得たキーンは、某財団の助成金を得て日本の演劇の伝統的な形式「文楽」と「能」の研究に専念。これがのちに *Bunraku*、*Nō* の二冊の大型本として結実する。いずれも、キーンとぴったり息の合った写真家・金子桂三の舞台写真がふんだんに使われている。ちなみに前者に序文を書いているのは谷崎潤一郎、後者は石川淳。

またキーンは一九五九年、当時親しくなった「鉢の木会」のメンバーたち（吉田健一、中村光夫、福田恆存、大岡昇平、三島由紀夫、神西清、吉川逸治）が出していた季刊同人誌「聲」に、鷗外の「花子」をめぐって旧仮名遣いの日本語で二回原稿を書く。原稿が掲載された「聲」第四号、第六号の「同人雑記」には、それぞれ福田恆存、吉田健一が次のように記している。

……日本文学史の貴重な資料が外国人の手によつて紹介されたわけである。内容は読めば解ることで宣伝の要もあるまいが、たゞその日本語について一言。キーン氏の原稿を廻し読みした同人一同、すつかり感心してしまつた。かなづかひ、漢字、文法、一つの誤りもなく、最後に（原文のまま）と入れようかと大笑ひした。（福田恆存）

……本格的な文章を外国語で書くといふことは絶対に出来ないと日頃考へてゐたのに、キーン氏といふものが出て来て、聊《いささ》か持論に自信を失つてゐる。併しキーン氏の他に、英語で大作を書き続けたポーランド人のコンラッドがあり、事実の前に降参するよりは、この二人は例外だといふことにして置きたい。つまり、天才である。（吉田健一）

ジョークまじりの福田の文章も読ませるが、ポーランド生まれの英国の小説家ジョゼフ・コンラッドと、アメリカ生まれの日本文学者ドナルド・キーンを同列に置き、二人を「天才」と呼んでいる吉田健一ならではの評言は正鵠を射ているのではないか。

戦前の一九三〇年から三一年にかけてケンブリッジ大学のキングス・コレッジ（King's College）にいたことがある吉田健一は、キーンが日本人の友人の中で唯一英語で話す相手だった。「永井（道雄）さんも完璧な英語を話したが、日本語をしゃべっている時の方が永井さんらしかった。吉田の話す英語は、まさしく英国の上流階級の英語で、彼と日本語で話すのは何かおかしいような気がした」と『自伝』は言う。やがて、吉田健一の毎週木曜日夜の飲み友達である河上徹太郎、石川淳と、キーンは親しく酒を酌み交わす仲になる。

またキーンが若き大江健三郎、安部公房と初めて出会ったのは、いずれも一九六四年。大江の『個人的な体験』を読み、グローブ・プレス社長のバーニー・ロセットに紹介したのはキーンである。以後、大江の作品の英訳が次々と出版されることになる。つまり大江健三郎がノーベル文学賞を受賞するきっかけを作ったのは、ほかならぬキーンだった。

また安部のことを、キーンは「三島の死後、文学者の中で私の一番親しい友人」と呼ぶ。親しくなる前のニューヨークでの安部との初対面のエピソード（安部が通訳を連れて来て不愉快だったこと、キーンが終始無視したその通訳の女性は後で知ったらオノ・ヨーコだったこと、また日本から帰ったばかりで時差ボケで朦朧としていたキーンを、医学部出身の安部が麻薬中毒患者と「誤診」したこと、等々）は広く知られている。

ちなみに一九六八年、新潮文庫『近代能楽集』に解説を書いたキーンの原稿のゲラ刷りを読んだ三島由紀夫は、キーンに宛てた一月十八日付書簡で次のように書く。

……日本では、この本について、これだけのことを書ける人は一人もゐません。批評家たちは、古典、ことに能については全く無智で、能の人たちは又、文学的教養もなければ、西洋のことを何も知らないからです。(中略)つまり、結局、世界中で、この本について、これだけのことを書いて下さる方はキーンさん一人しかないのです。太閤能のこと、現在物と現在能の区別、コトバを守るかココロを守るか、そも〳〵能の現代化といふことの可能性を論ずるに必要な知識を、日本の批評家は一人ももつてゐないのです。キーンさんのおかげで、「近代能楽集」は、はじめて日本文学に一つの位置を与へられたといふ感じがします。

この手紙が収録されている『三島由紀夫未発表書簡 ドナルド・キーン氏宛の97通』(中公文庫)の冒頭は、一九五六年正月と思われるグリーティング・カード——「班女《はんじょ》」の御飜訳完成の由、ありがたうございました——で始まっている。今でこそ毎年のように何かの形で上演されるようになった三島由紀夫『近代能楽集』だが、キーンが最初の五作の英訳*Five Modern Nō Plays*をクノップ社から出した一九五七年当時、すでに雑誌に発表されていた「葵上《あおいのうえ》」「班女」などの作品は日本の文学界ではまったく無視されていた。キーンは一九五五年「新潮」一月号に掲載された「班女」にいちはやく反応し、その翻訳に取り掛かった。三島はキーンの慧眼に驚き、唯一の味方を得たように嬉しかったに違いない。

8

二十五年かけて仕上げた文学史の最終巻 *Seeds in the Heart* が出た一九九三年、キーンは七十一歳になっていた。『自伝』は言う。

友人の中には、私の文学史のことを指して「ライフワーク」と呼ぶ人もいた。褒めてくれたつもりだろうが、この言葉には同時に不吉な響きがある。つまり、私はすでに人生の頂点に達してしまっていて、もはやこれ以上の作品は書けないということを暗示しているのだった。私は七十一歳だった。昔であれば尊敬すべき年齢ということになって、隠居でもして庭いじりをしたり、俳句を作ったりしたのかもしれない。しかし私は、引退する気分になれなかった。私は自分が老人であるとか、間もなく耄碌《もうろく》するとかいう兆しを自覚することは出来なかった。（中略）要するに、私は書き続けたかったのだ。

キーンは、この段階で初めて日本人の伝記を書くことを思い立つ。しかしその対象は、現代の人物でもなければ、自分の専門の守備範囲にある文学者でもなかった。「私の頭にひらめいたのは、明治天皇が日本の天皇の中で一番偉大な君主として称賛されているにもかかわらず、英語で彼の伝記がないことだった。日本語で書かれた伝記も、ほとんどないに等しかった。明治天皇は、確かに伝記を書くに値した」と、『自伝』は言う。『明治天皇』の連載が始まったのは一九九五年「新潮45」正月号。これが二〇〇〇年四月号まで、足掛け五年以上の長きにわたって一回も休むことなく続く。単行本として『明治天皇』菊判上下二巻が刊行されたのは、翌二〇〇一年十月。これまで数多くの文学賞（読売文学賞、日本文学大賞、菊池寛賞、朝日賞、等々）を受賞していたキーンは、この初の評伝作品で新たに毎日出版文化賞を受ける。英語版 *Emperor of Japan* が出たのは、翌二〇〇二年。『明治天皇』で評伝の執筆に手応えを覚えたキーンは、さらにその対象の範囲を広げ、足利義政（*Yoshimasa and the Silver Pavilion*）、渡辺崋山（*Frog in the Well*）、正岡子規（*The Winter Sun Shines In*）、石川啄木（*The First Modern Japanese*）と書き続ける。銀閣寺創建で東山文化を開いた義政は、応仁の乱をはさんだ下剋上の時代。崋山、子規、啄木は、いずれも幕末から明治に活躍した人物。キーンの関心は、もっぱら歴史の転換期に生きた人々にあったようだった。

文化功労者（二〇〇二年）、文化勲章（二〇〇八年）を受章したキーンは、かねてから抱いていた「日本人」になる思いを次第に強めて行く。ここは、ぜひとも教え子の一人バーバラ・ルーシュ（コロンビア大学名誉教授・中世日本研究所所長）の証言を引かなければならない。

キーン先生が日本に寄せる愛情は、長年にわたって、わたしたちすべてにとって周知の事実でした。（中略）先生の日本人になりたいとの願いは、一番親しい友人たちのあいだでは、東日本大震災のずっと以前から知られていました。日本は先生の心のふるさとでした。日本に対する愛を抱きしめ、日本に帰化したいという先生の気持ちは、ごく当然のことと思われました。そして、大災害のずっと前から、それに向かって踏み出していたのです。ところが、偶然その二つのタイミングがほとんど時を同じくして重なり、その結果、自分の愛する国民との連帯を訴えるジェスチャーとして、先生が衝動的に日本国籍を申請したと受け止められてしまったのです。しかしながら、先生が日本国民となったのは、あのすさまじい出来事に直面して、瞬間的に生じた感情によるジェスチャーなどではなかったことを理解してこそ、キーン先生の名誉がいっそう増すというものです。日本に寄せる先生の思いは、昔からゆっくりと成長していく樹木のように、日本の豊かな土壌のなかで半世紀以上にわたって着実に育ってきたことにより、はるかにしっかりと深く根ざしていたのです。（河出書房新社・KAWADE道の手帖『ドナルド・キーン』所収）

二〇一一年三月十一日、東北地方の太平洋岸を大津波と共に襲った東日本大震災の後、あたかも日本国民との「連帯を訴えるジェスチャー」として「衝動的に日本国籍を申請した」かのようにジャーナリズムに喧伝されたアメリカ人日本文学者ドナルド・キーン。キーンの国籍申請のニュースを、ひときわドラマチックに仕立てようとする日本のマスコミの態度に、愛弟子バーバラ・ルーシュは違和感を覚えた。そしてキーンの日本帰化の思いを、「昔からゆっくりと成長していく樹木のように、日本の豊かな土壌のなかで半世紀以上にわたって着実に育ってきたことにより、はるかにしっかりと深く根ざしていたのです」と、美しい比喩で語る。

ルーシュの言葉に対する一つの裏づけとして、筆者のささやかなエピソードを付け加えておきたい。東日本大震災に先立って、キーンが二年続けて正月前後に築地の聖路加国際病院に入院したことがあった。その二度目の入院中の二〇一一年一月八日、病院に見舞いに行った筆者にキーンは、ついに日本人になることに決めました、と打ち明けている。続けて「わたしは日本国籍を取る決心をしましたが、わたしの日本人の秘書はアメリカの市民権を取ることにしたそうです、おもしろいでしょう?」と、いつもの諧謔まじりの口調で言ったので、鮮明に記憶に残っている。

一月半ばに聖路加国際病院を退院したキーンは、いったんニューヨークへ戻り、大学院での最終講義（四月二十六日）を終えてコロンビア大学を正式に退職。その最終講義の冒頭で「愛する日本に移り、余生を過ごす」と改めて日本帰化を表明。それをもっぱら三月の大震災と結びつけることに急な日本のマスコミは、このニュースに飛びついた。外国人の多くが原発事故を理由に日本から去って行った矢先だったから、マスコミにとっては願ってもないトピックだったのだ。おかげで同年九月一日、キーンは成田空港で数社のテレビカメラを始めとしてマスコミ陣の異常なフラッシュに迎えられることになる。キーンが日本に帰化した日付は、翌二〇一二年三月八日。

これに先立つ二〇〇六年、新潟出身の浄瑠璃三味線奏者、上原誠己《うえはらせいき》がキーンの前に現れる。初対面以来、「気持ちがなんとなく通じ合い次第に親交を深めていった」という誠己は、早稲田大学の鳥越文藏教授が一九六二年に大英博物館（British Museum）で発見した古浄瑠璃『越後國柏崎　弘知法印御傳記《こうちほういんごでんき》』の上演をキーンから勧められる。

かつて「鶴澤淺造《つるさわあさぞう》」という芸名で、関西の人形浄瑠璃文楽座の座員として二十五年間にわたり三味線奏者を務めていた誠己は、ロンドンで発見された『御傳記』の台本に基づき、得意の三味線で作曲に着手。二〇〇九年六月、新潟柏崎で三百年ぶりの復活上演を成功させる。また二〇一七年六月には、大英博物館から独立した大英図書館（British Library）ホールで、満席の英国の聴衆を相手にロンドン公演を果たした。

「養子の話が父から初めてあったのは、一〇年の暮れ頃だったように思う」と、のちに誠己はキーンとの共著『黄犬《キーン》ダイアリー』で述べている。一方、キーンは同書に「芸術、宗教、そして文学に関する彼の知識に触れれば触れるほど、私は彼の魅力的な気質やユーモアのセンスに感銘を受けた」と書いている。
キーンの親しい友人たちにとって誠己の出現は、まさに「天の配剤」と思われた。養子縁組には、キーンの「終生の友」永井道雄夫人・美智子が深く関わっている。東京・北区の区役所に養子縁組の手続きを済ませたのは、二〇一二年三月二十七日。父「キーンドナルド」八十九歳、息子「キーン誠己」六十二歳。
キーンは八十四歳の時に書いた『自伝』最終章で、次のように記している。

自分の人生を振り返ってみると、私の人生を左右してきたのは明らかに幸運であって、長い熟慮の末の決断ではなかった。大学の教室で中国人の隣に坐った偶然が彼の国に対する関心を目覚めさせ、その関心は後年になって東アジア全体に広がり、さらに年ごとに大きく成長を重ねて今や私の人生の一番大事な部分を占めている。太平洋戦争が勃発したのは、まさに日本語の勉強をやり始めた時で、これが私の一生を決定したのだった。

さらに、その章の末尾。

……つまり、私は信じられないほど幸運だったのだ。ギリシャ悲劇の結末は次のような戒めで終わることが多くて、それは死ぬまではその人間を幸福と呼んではならないということだった。これは、私にもあてはまることかもしれない。しかし現在、私の身体を満たしているのは感謝の気持で、それは世界の様々な土地にいる私の友人たち、とりわけ日本に対する感謝の気持である。

謙虚にもキーンは、「幸運」という文字を二度繰り返している。そして九十四歳で出した最新作『石川啄木』の献辞に、キーンは次のように書いた。

息子浅造に捧げる
——わたしの生涯の最後の日々を幸福にしてくれたことに感謝して

すでに述べたように「浅造」は誠己の通称で、人形浄瑠璃文楽座に属していた時の芸名から来ている。初対面の時以来、そう呼んできた「浅造」という名前に愛着を持つキーンは、今も誠己のことをその通称で呼んでいる。浅造こと上原誠己の出現もまた、キーンにとって「幸運」の一つだったかもしれない。

すでにキーンは、北区西ヶ原の自宅付近にある馴染みの寺、弘法大師ゆかりの「無量寺」に自分の墓を建てている。真言宗は恩師角田柳作の宗派であり、また京都留学時代に知り合った友人で僧侶の西崎照明《しょうみょう》の宗派でもあった。見事な八重桜の古木の下にある墓石正面には、「キーン家の墓」と自筆の文字が刻まれている。

おわりに

吉田健一は『交遊録』の中で、友人のアイヴァン・モリスからもらったキーンの *Japanese Literature* を初めて読んだ時のことに触れて、本当の意味での専門家、ないしは学者の根本をなすものはフランス語の amant（愛人）と同じ語源の amateur、つまり何であれ何かを「愛するもの」の精神と態度であると述べている。そしてキーンの本を読んでから数年後の初対面の時の印象を、次のように書く。

……それが本から受けたのとは全く違つた印象だつたとは言はない。一体に学者だとか専門家だとかいふ感じがする人間が実際にその名に価する学者や専門家であることは滅多にないからでキインさんには、これは勿論今でもさうであるが本を書いたりする人間を思はせるやうな所が全くなかつた。（中略）キインさんならばホテルの受付で部屋の鍵を渡してくれてもさういふホテルでの集りでこれが国務省の誰といふことで紹介されてもそのまま通ることと思はれる。

さらに、

……これはキインさんの日本に対する関心がその目に触れるその世界に対する関心の一部をなすものでそれ以上ではないといふことで自分の専門に打ち込むと言つてもそれが人間といふものを、又人生を、又人間の歴史や人間を取り巻く自然を忘れさせるに至るならばその専門は呪縛に過ぎない。

また、

……キインさんから学者や専門家の感じを受けないのは恐らくキインさん自身がさういふものと無縁の境地にあるからで（中略）キインさんのやうに友達が多くてそれが各方面に亙つてゐる人間を知らない。これはキインさんには交遊録が書けないといふことになるので、もし書けばそれはその生活の刻々の記録、又世界の至る所が対象の旅行記になる他ない訳である。

事実、ドナルド・キーンの三冊の自伝は、そのままキーンの「交遊録」であり日本を含めた世界各地の「旅行記」になっている。

おそらくキーンは編集者から日本および日本文学との関係だけに絞って「自伝」を書くことを求められたに違いないし、キーンが比類ない日本学者、また「海外の日本文学研究の第一人者」であることは、その業績から見てまず間違いない。しかし、その日本との関係だけをあまり意味ありげに強調しすぎると、キーンという人物自体の輪郭がぼけることになる。冒頭に述べたようにキーンはスペイン文学の大家になっていたかもしれないし、もっと高い可能性で優れたフランス文学者として活躍していたかもしれなかった。ただ、たまたま幾つかの偶然が作用して、キーンは日本学者ないしは日本文学者と呼ばれるようになった。

もとより、その天分があったことは否定できない。しかし、学者としての天分が必要なのはなにも日本文学に限った話ではないだろう。キーンは少年の頃に興味を持った数々のヨーロッパ言語以上に、十九歳の時に海軍日本語学校で徹底的に教え込まれた「日本語」という未知の言語の仕組みに強く惹かれ、ついにはその言語が織りなす独自の世界に取り憑かれてしまったのだった。

キーンは自分で認めているように、確かに「幸運」であったに違いない。しかし、恩師・角田柳作を始めとして大学の同僚、有能な弟子たち、また永井道雄、嶋中鵬二、吉田健一、三島由紀夫、安部公房、大江健三郎など日本の優れた友人たちに恵まれたのは、すべてキーン自身が自ら呼び寄せた「幸運」にほかならなかった。その対象が人間であれ学問であれ、授業であれ著作であれ、また英国ないしは日本への留学であれ、そこに自分と響き合うものを感じた途端にキーンは迷うことなく常に即断即決、突き動かされるようにして次の行動へと踏み切っている。

『百代の過客』が読売文学賞に続いて日本文学大賞を受賞した時、その授賞式で選考委員の一人司馬遼太郎が述べた言葉を筆者は覚えている。壇上のキーンは、他の選考委員が挨拶している間、受賞者らしく厳粛な面持ちで坐っているどころか、いつもと変わらない調子、いつもと変わらない気楽な姿勢で、椅子の上で一瞬もじっとしていなかった。挨拶に立った司馬遼太郎は開口一番、「さきほどから、皆さんもご覧になっていておわかりのように、キーンさんは会場をきょろきょろ見廻したり、こっちを振返ったり、少しもじっとしていない。こういう場にあっても、キーンさんの好奇心は、一瞬も休むことなく働き続けているようであります」と諧謔まじりに語ったのだった。

また別のところで、司馬遼太郎は次のように書く。

……びん
のあたりに白いものがまじる年齢になりながら、このひとほど少年のころの彼を容易に復元できる人に接したことがない。小鳥の柔毛《にこげ》のように美しいまつ毛の下の瞳には、いつも少年のような愕《おどろ》きやすさが用意されていて、しかもその知的好奇心や感受性でとらえたものごとを、とらえるとすぐ蒸溜しきって真実を滴《したた》らせる焔《ほのお》が燃えつづけているという感じである。(対談集『日本人と日本文化』はしがき)

このささやかな「評伝」が、こうしたキーンの魅力の源泉を語り尽せたとはとても思えない。しかし、ここを抜かしたらドナルド・キーンでなくなる、という部分はすべて押さえたつもりである。三十一歳のキーンは伊勢神宮式年遷宮の初体験で、神官たちに運ばれる絹垣《きんがい》の絹の覆いの中に「神の存在」を感じ取り、かりにその中がただの空白であったとしても、その空白にこそ何世紀にもわたる「日本人の信仰」が宿っていることを喝破した。

日本および日本人は、こうした稀有な感性を持つアメリカ人の日本学者を得たことを喜ばなければならないし、優れた批評家キーンが発掘した日本文学の数々の真実に浴することの出来る恩恵に感謝しなければならない。しかしキーンが、ことさらに「海外の日本文学研究の第一人者」と呼ばれるのは、この分野でたまたまキーンのような仕事をやった人間がそれまで日本を含めて世界にいなかったからで、ただそれだけのことに過ぎない。

すなわちキーンという人物の魅力は、世間で思われているように日本学者ないしは日本文学者であることにはない。あるいはそれだけではないので、司馬遼太郎が言うように好奇心旺盛な少年キーンが、そのまま晩年のドナルド・キーンという人間に大成してしまったことにキーンの魅力は尽きている。吉田健一がジョゼフ・コンラッドと並べて語った「天才」は、キーンにとって外国語であった日本語に対して発揮されたことは言うまでもない。しかし、むしろ「少年のような愕きやすさ」を九十五歳の現在まで変わることなく持ち続けたことにこそ、キーンの「天才」はあったのではないか。そしてキーンは、すでに自他ともに認める日本人である。これからは、ただの優れた文人《ぶんじん》（man of letters）ドナルド・キーンというこことでいいのではないだろうか。

私説ドナルド・キーン――異邦人の孤独

「別冊太陽」のドナルド・キーン特集（二〇一七年九月）に評伝（といっても百枚足らずの小伝だが）を書いた時、「たいへんよく書けています、しかし、わたしの欠点に一切触れていないところが玉に瑕です」と、キーンは笑いながら言った。いつもの冗談で、キーン一流のユーモアである。しかし、これはあながち冗談ではなかったかもしれない、と近頃思うようになった。

ドナルド・キーンは、むしろ自分の欠点に触れてもらいたかったのではないか。海外における日本研究の第一人者とまで言われたキーンが、自分の欠点を意識していなかったはずはない。それが具体的に何かはわからないし、また、自分の欠点のすべてを誰もが意識出来るとは限らない。ただ、その欠点も含めて自分だという自覚がキーンにはあったはずで、しかし、これまで日本の学者や批評家は、キーンを誉めそやすか、さもなければ無視するばかりで、誰一人としてこうした指摘をしたことはなかった。いや、それを言うなら、そもそもドナルド・キーンは日本で正当な評価を受けたことなど一度もなかったのではないか。好意的な書評、解説、推薦文は山ほどあるが、正面切ったドナルド・キーン論が一つもなかったことがその証拠である。

たしかに読売文学賞を始めとして菊池寛賞、朝日賞、毎日出版文化賞など数々の名誉ある賞をもらったことは事実だし、文化功労者となって終身年金をもらい、外国人として文化勲章まで受章している。最後は日本に帰化し、大いにマスコミの話題にもなった。しかし、はっきり言って学者ドナルド・キーンは、こうした受賞も含めて世間で持て囃されるか、あるいは無視されるか、そのどちらかの扱いしか受けてこなかったような気がする。

本人が意識しようがしまいが、世の中には毀誉褒貶《きよほうへん》というものがある。事実、世間で盛んに持て囃される一方で、キーンには意外な悪評もまた少なからずあった。それも具体的な欠点の指摘というよりは、たいした根拠もなくドナルド・キーンという人間に付いてまわった悪評である。筆者自身、耳にしたことがあるし、活字で読んだこともある。また、キーン自身が経験した悪評について、じかにキーンから聴いたこともある。火のない所に煙は立たないの譬えどおり、キーンにも悪評に見合う「嫌な部分」がなかったとは言い切れない。

日本文学研究家ドナルド・キーンとは、いったい何者だったのか。虚像、実像を問わず、そのすべてを洗い出し、キーンという人物を炙《あぶ》り出してみるのも（そう、炙り出せるものなら！）一興かもしれない。ひょっとしたら、そこに清濁併せ吞む新たなドナルド・キーン像が出現するかもしれない。

1

そもそもドナルド・キーンは、なぜ自伝を三冊も書いてしまったのだろう。一人の人間が、生きているうちに自伝を三冊書くということは、ふつうであればあり得ないことである。これは、かなりいかがわしいことではないだろうか。

『日本との出会い』（篠田一士訳、中央公論社刊、一九七二年）、『このひとすじにつながりて』（金関寿夫訳、朝日新聞社刊、一九九三年）、『私と20世紀のクロニクル』（角地幸男訳、中央公論新社刊、二〇〇七年。二〇一一年の中公文庫化に際して『ドナルド・キーン自伝』と改題。以下『自伝』）。最初が五十歳、次が七十一歳、そして最後が八十五歳。さらにキーン五十七歳の時のインタビューを徳岡孝夫がまとめ、キーンの名前で「諸君！」に連載した『日本文学のなかへ』（文藝春秋刊、一九七九年）を含めれば四冊になる。

年齢を経るにつれて新たな情報が加味されていくことは間違いないし、また、すぐれたジャーナリストによるインタビューに基づく構成は、インタビュアーの関心のありかによって、自伝では触れられていない事実も数多く登場する。しかし、いずれも一人の人間の自伝である以上、内容の大半が重複するのは当然である。たとえば四冊とも冒頭の書き方は微妙に異なるが、いずれもキーンと日本、ないしは日本語との「出会い」から説き起こされていることに変わりはない。

ならば、なぜドナルド・キーンは、何度も自伝を書いたのか。日本の新聞社（具体的には、それぞれ東京新聞、朝日イブニングニュース、読売新聞）の編集記者が、そのつど連載を依頼したからである。では、なぜ編集記者は依頼したのか。ドナルド・キーンが日本文学者でありながら、日本人ではなかったからである。

それも日本人以上に折り目正しい日本語を話し、学者として必要とされる広範な知識、教養に富み、なおかつ古代から現代までのあらゆる日本語文献（誰も読まないような大学の研究者たちの無数の論文も含めて）を読み、そして日本語と英語で書くことが出来る――いわば、「珍しい存在」だったからである。外国人の日本研究家が幾らでもいる今日と違って、一九五三年に京都大学大学院に留学した当時のキーンはその草分け的存在であり、何をやっても世間の注目を浴びニュースになった。

無名の三十代の外国人研究家として日本のジャーナリズムに持て囃されたキーンは、その分、世間の誤解も受けやすかったし、その誤解の度合いは年を経るに従って強くなったと思われる。

日本の真珠湾攻撃のあった翌一九四二年二月、コロンビア大学の学士号を取得したキーンは米海軍日本語学校の二期生として入学、主にアメリカ東部の一流大学から選抜された数少ないエリートの一人として、十一ヶ月という短期間で日本語の読み書きと会話を習得した。日本語学校を首席で卒業後は、語学将校として翻訳、通訳、捕虜の尋問などに携わり、ハワイ・真珠湾、アッツ島、キスカ島、フィリピン、沖縄、グアム、中国などを転々とした。皮肉なことに「敵性語」として学んだ日本語にすっかり魅せられてしまったキーンは、戦後になって多くの同僚が日本語から離れて行った中で、コロンビア大学大学院に復帰し、当時としては異例中の異例と言っていい日本語・日本文学を自分の生涯の学問の対象に選んだ。その後、英国ケンブリッジ大学を経て京都大学大学院に留学したキーンは、英語圏（それも、かつて日本が戦って敗れた戦勝国であるアメリカ）から来た日本文学研究家という特異な立場——キーンにそのつもりはなくても、いわば「特権的存在」として日本の社会で特別扱いされることになる。

一方で、外国人に日本語・日本文学がわかるわけがない、といった鎖国的な差別感情は学者も含めて戦後日本の多くの人々の中に潜んでいた。晩年になってもＮＨＫテレビの某ニュースキャスターなどは、流暢な日本語を話すことで知られたコロンビア大学日本語・日本文学教授ドナルド・キーンに、英語でインタビューするという非礼（！）を働いた。その時の経験を、いかにも不愉快そうに語ったキーンに、「英語の質問に、そのつど日本語で答えてやればよかったのに」と言うと、「相手もテレビに映っていますから、そんな失礼なことは、わたしには出来ません」と、キーンは上機嫌で笑うのだった。戦後の偏見は、八十年近くを経た今日でもなお日本人の中に無意識の内に生きている。

　いずれにせよ外国人が一人で、しかも日本文学研究家として戦後の日本社会を生き抜いていくためには、余人にはわからない様々な苦労があったと思われる。キーン本人は、そうした苦労について一切語らなかったし、しかもキーンは自分でも予想外な形で、日本で成功してしまったのだった。

　背丈といい、そのたたずまいといい、いかにも日本人らしく謙虚で、日本語の読み書きに不自由がなく、いささか癖はあっても達者な日本語を話し、日本人以上に腰が低くて、誰からも好感を持たれる。新聞、雑誌、テレビ等にも盛んに登場し、傍《はた》から見ると、いかにも世渡りがうまそうで、誰にでも愛想のいい外国人日本文学研究家——人によっては、これほど「嫌な存在」はなかったかもしれない。

「珍しい存在」であると同時に「嫌な存在」であること——周囲から見て、ドナルド・キーンは、最初から最後までそのような位置にいた、あるいはそのような位置にいることを強いられた。このことを抜かして、ドナルド・キーンを論じることは出来ない。そもそも、これまでドナルド・キーン論なるものが一つもなかったのは、ここに起因するのではないかと思われる。「珍しい存在」に注がれるのは常に好奇の眼でしかないし、「嫌な存在」なら興味の対象になるどころか無視されるよりほかないではないか。

当たり前なことを言うようだが、ドナルド・キーンが二〇一二年に日本に帰化したのは、キーンが日本人ではないからだった。しかも東日本大震災後という劇的な舞台がマスコミによって用意され、日本文学研究家という領域を越えて、これまで以上に人々の「好奇の眼」に晒されることになった。

その経緯については、心ならずもマスコミの仕掛けに乗ってしまったキーンにも、あながち罪がなかったとは言えない。前年三月の大震災以前にキーンが日本に帰化することに決めていた事実を、（すでに「小伝」で述べたように）筆者は証言することが出来る。しかし、あたかも大震災に合わせて帰化を決めたかのように日本のマスコミが造り上げた状況について、キーンは否定するどころか、一言も文句をつけなかったし、なんら釈明もしなかった。むしろ、それを肯定するかのような発言さえしている。その結果、数多くの外国人が放射能の漏洩を理由に帰国したさなか、あたかも一人だけ時流に逆らうようにして衝動的に帰化を決めるという大向こうのウケを狙ったパフォーマンス——と受け取った人も多かったようである。だとしたら事実はどうであれ、これまでに増して、これほど「嫌な存在」はない、ということになりはしないだろうか。

しかしキーンにとって、そういう世間の思惑はどうでもいい、と思っていた節《ふし》がある。自分は、ただ、したいことをした、だから、それがどう世間で受け取られようが、それですべて事がうまく運ぶのであれば、誤解されようがどうしようが、それでもいい、とキーンは思っていたかもしれない。昔からキーンは、自分の「勉強」（日本および日本文学の「研究」のことを、いつもキーンは「勉強」と呼んでいた）の環境さえ首尾よく整えることが出来れば、世渡りがうまいと言われようが、商売上手と言われようが、一切意に介さなかった。あるいはキーンに欠点があるとすれば、このことかもしれない。

『日本文学史』が完成した時、「源氏」の権威として知られた東大の某教授は、面と向かって「ここに取り上げた本は、すべて、翻訳でお読みになったのでしょうね」と言ったそうである。日本文学の古典から現代にいたる文学作品のすべて、さらに注釈に引用された無数の研究者の論文と批評のすべてが、いつの間にか誰かによって当然のごとく英語に翻訳されているとでも、この高名な東大教授は思っていたらしい。こうした無知で非常識な質問をされた時でさえ、キーンはあたかもそれが冗談であるかのように笑って、柳に風と受け流してしまうのである。

おそらく京都大学大学院に留学して以来何十年間というもの、相も変わらず、この種の愚問珍問にキーンは晒《さら》され続けて来たのではなかったか。「お刺身が食べられますか、納豆が食べられますか」という俗な珍問から始まって、先の東大教授のごとく学問に関わる愚問に至るまで、いちいちまともに相手にしていたら身が持たない、というのが正直なところだったのではないか。そして何を言われても反論しない、釈明もしない、というキーンの欠点は、こんなところから生まれ、それが歳を経るにつれて本人もそれと意識しないうちに自然と身についてしまったのではないか。

本国のアメリカはもとより諸外国で日本学の権威として高く評価される一方で、この日本でだけは、ただひたすら「珍しい存在」として好奇の眼に晒され、「嫌な存在」として軽蔑の的になることに耐えること——日本文学研究家ドナルド・キーンの孤独は、すべてここに発すると言っていい。

言うまでもないことだが、キーンは、ただ腰が低くて、愛想がよかったから日本で成功したわけではなかった。たとえば『自伝』最終章に、次の一節がある。

> 自分の人生を振り返ってみると、私の人生を左右してきたのは明らかに幸運であって、長い熟慮の末の決断ではなかった。大学の教室で中国人の隣に坐った偶然が彼の国に対する関心を目覚めさせ、その関心は後年になって東アジア全体に広がり、さらに年ごとに大きく成長を重ねて今や私の人生の一番大事な部分を占めている。太平洋戦争が勃発したのは、まさに日本語の勉強をやり始めた時で、これが私の一生を決定したのだった。
> （中略）振り返ってみて私は、自分のしたことと関係なく事態が一般に好転してきたことを知っている。何かを後悔する理由など、これまでにあったためしがないのだ。私が自ら下した数少ない重要な決断の一つは、ケンブリッジを去ってコロンビア大学へ行くことだった。その時、私はケンブリッジを離れたことを今に後悔するのではないかと恐れた。事

実、それ以来ケンブリッジを訪れるたびに、その美しさに改めて感動し、どうして自分がここを去ったのかわからなくなる。しかし、（ケンブリッジ大学が拒絶した）日本での二年目の留学がなければ、私は数々の親交を結ぶことが出来なかったし、その親交は最高に美しいケンブリッジの環境にも増して私にとって貴重なものであることがわかったのだった。

また私は、実際にはそうならなかった人生の一大転機についても考える。内戦が一九三六年に勃発しなかったら、私はスペインで暮らしていたかもしれないのだった。もし一九四八年の中国で「解放」が起こらなければ、私は中国文学者になっていたかもしれない。これらの可能性（ほかにもある）は確かに興味をそそるが、結論はいつも同じだ。つまり、私は信じられないほど幸運だったのだ。（傍点引用者）

ここで二度も繰り返されている「幸運」は、すべて事実であったに違いないし、「偶然」と言い「好転」と言い「転機」と言うのも、自分の半生を振り返っての正直な感想であったに違いない。しかしキーンは、一番大事な「幸運」について、ここで触れていない。幸運ということを言うのであれば、キーンは何を措いても、その「幸運」について語らなければならないはずだった。すなわち、「二年目の留学がなければ、私は数々の親交を結ぶことが出来なかった」という貴重な「数々の親交」の機会をキーンに与えたばかりか、無名の外国人日本文学研究者にとって願っても得られないような「勉強」の環境を日本で作ってくれた人物、嶋中鵬二《しまなかほうじ》との出会いである。

もとより『自伝』の流れの中で、嶋中は「恩人」として登場するし、キーンは永井道雄とともに嶋中を「終生の友」と呼んでいる。しかし、その「終生の友」との出会いがドナルド・キーンにとっていかに稀有な「幸運」であったか、ここで改めて確認しておくのは無駄なことではないだろう。これは場合によって、処世術にたけているとか、世渡りがうまいとか、商売上手、といったようなキーンに対する無用の誤解（そのすべてが誤解だとは言わないが）を解くためにも、ぜひとも必要なことである。

フォード財団の奨学金を得たドナルド・キーンが、ケンブリッジ大学に籍を置いたまま京都大学大学院に留学したのは一九五三年、キーン三十一歳の時である。終戦直後に中国の青《チン》島《タオ》で知り合った友人・横山正克の家（京都市北区）にしばらく厄介になった後、同志社大学教授として教鞭を執っていた海軍日本語学校時代の親友オーティス・ケーリの紹介で、京都市東山区今熊野の奥村綾子邸の離れの「無賓主庵《むひんじゅあん》」に下宿することになった。親友のケーリがすでに京都で顔が広かったこと、そのお蔭で願っても得られないような下宿先を手に入れたこと――キーンの日本での「幸運」は、この段階ですでに始まっていたと言っていい。

たまたま、その奥村邸に下宿していたアメリカ帰りの京都大学助教授・永井道雄と、互いに嫌々ながら（と『自伝』は語っている）夕食を共にしたところ、意に反してたちまち意気投合してしまった。そして永井は（キーンの記憶によれば）一九五三年暮れ、東京高等師範学校附属小学校以来の親友である嶋中鵬二に、キーンを紹介したのだった。嶋中は永井と同じくキーンの一歳年下で、この時三十歳。すでに四年前の一九四九年一月、死去した父・嶋中雄作の後を継いで満二十五歳の若さで中央公論社代表取締役社長に就任していた。

嶋中鵬二遺文集『日々編集』（私家版、二〇〇一年）に収録されているキーンとの対談（初出「日本経済新聞」日曜版、一九八二年四月十一日掲載）の冒頭に、次のやりとりがある。

キーン　嶋中さんとのお付き合いはずいぶん長くなりましたが、初めてお目にかかったのは、たしか昭和二十八年暮れでしたね。永井道雄さんの紹介状を持って丸ビルの社長室に嶋中さんを訪ねたのですが、嶋中さんは僕にあまりいい印象を持たなかったそうですが、どうしてですか。

嶋中　お互いあまりいい印象を受けなかったようですね（笑）。私は特にキーンさんに悪い印象を受けたというより「なんだかひどく物事を深刻に考える人が来たな」と。どうしてかというと、当時キーンさんは論争をしていて、三回目の論文をある雑誌が掲載しないというようなことで、「日本のジャーナリズムは閉鎖的じゃないか」という意見を言っておられた。

キーン　そうですか。

嶋中　それで永井さんは私に手紙で、キーンさんは日本のジャーナリズムに失望しているようだから、そんなに失望すべきものでもないことを教えてあげてくれ、と言ってきた。そして、「同君はおそらく君のために大いに役立つ人となるであろう」と書いてあった。

キーン　そこだけは間違っていましたね（笑）。

京都大学大学院の留学生だったキーンは、「ある雑誌」での「論争」を通じて「日本のジャーナリズムは閉鎖的じゃないか」と思えるような体験をし、外国人である自分に対する排他感情、というか自分が外国人であることの孤立を感じ始めていた。そうしたキーンのために、永井は日本のジャーナリズムも「そんなに失望すべきものでもないことを教え」るように嶋中に依頼すると同時に、キーンが「君のために大いに役立つ人となるであろう」と助言した。若い嶋中が中央公論社社長として、無名の研究者キーンを後援する一方で自社の出版事業に役立てることを思い立ったとしても少しもおかしくないし、事実、「そこだけは間違っていましたね（笑）」どころか、キーンは嶋中の好意に十分応えるだけの実力を発揮したのだった。

一九五四年、キーンは嶋中の紹介で三島由紀夫と会い、三島との交遊は三島の自決まで十六年間にわたって続く。嶋中家の近所に住んでいた吉田健一とは、すでに歌舞伎の研究家で日本学者のフォービアン・バワーズの家で紹介され面識があったが、やはり嶋中を通じて交遊を深め、戦前、ケンブリッジのキングス・コレッジに留学していた吉田は、キーンが日本で気兼ねなく英語で話せる唯一の親友となる。のちに吉田は、修士論文と博士論文を除けばキーンの処女作と言っていい*Japanese Literature : An Introduction for Western Readers*の翻訳（『日本の文学』、筑摩書房刊、グリーンベルト・シリーズ11、一九六三年。一九七九年に中公文庫化）を手掛けることになる。

さらに嶋中を通じて、キーンは永井荷風、谷崎潤一郎、志賀直哉、川端康成といった「老大家」たちとも面識を得る。キーンと出会った翌年の十一月号から嶋中は「中央公論」編集長を兼任し、その嶋中の依頼でキーンは「中央公論」本誌に初めて日本語でエッセイを書くことになる。これが、のちに『碧い眼の太郎冠者』（一九五七年）という題で刊行され、その序文を書いたのは谷崎潤一郎だった。無名のアメリカ人留学生に過ぎなかったキーンにとって、これ以上の「幸運」が考えられるだろうか。

ドナルド・キーンという日本文学研究家は、若き中央公論社社長嶋中鵬二という後ろ盾があって初めて誕生した、と言っていい。キーンは、さきに引用した『自伝』の最終章で謙虚に述べているように、コロンビア大学在学中から「幸運」であった事実に間違いはないだろうし、その「幸運」の中に角田柳作《つのだりゅうさく》という、これまた願ってもない恩師との出会いがあったことも見逃せない。だからおそらく嶋中との出会いという「幸運」がなくても、キーンはコロンビア大学の日本文学教授として大成したに違いないし、現にキーンは京都留学中に「無賓主庵」の文机《ふづくえ》に向かって二冊の日本文学選集、*Anthology of Japanese Literature*、*Modern*

Japanese Literature の編纂に打ち込み、この選集は一九五五、五六年に相次いでニューヨークのグローブ・プレスから出版されている。あるいはキーンの英文の著作のベストセラーは、世界中の大学で初めて日本文学のテキストとして使われたこの二冊（たとえ編纂者の立場であっても、その編纂内容は、たとえば石川啄木の『ローマ字日記』を収録するなど、若き学者キーンの独創である）であったかもしれない。

しかし、嶋中鵬二と親友になるという「幸運」がなければ、日本でのドナルド・キーンという存在は、どうなっていたか皆目見当もつかない。これは、「海軍の日本語学校に入っていなかったら、私はどんな人間になっていたか、どんな人生を送っていたか、まるで想像ができません」（瀬戸内寂聴との対談『日本を、信じる』、中央公論新社刊、二〇一二年）と、自分の人生を決定したと言っていい「海軍の日本語学校」についてキーンが述懐しているのに匹敵する紛れもない事実である。

嶋中は『碧い眼の太郎冠者』のあと、キーンの修士論文を中心に編まれた『日本人の西洋発見』（芳賀徹訳、一九六八年）を出し、さらにキーンの初の自伝『日本との出会い』を出し、ついには『日本文学史』近世篇、近代・現代篇全十巻（徳岡孝夫他訳、一九七六－九二年）、さらには古代・中世篇も含めた『日本文学の歴史』全十八巻（一九九四－九七年）を出版した（現在は、中公文庫『日本文学史』全十八巻）。『自伝』によれば、「嶋中鵬二は、親友であったばかりでなく、私を日本の文学界にデビューさせてくれた恩人なのだった。会社の内部で私に対する優遇措置に反対があった時でも、彼の親切は変わることがなかった。彼は私の『日本文学の歴史』全十八巻を出版してくれたが、たぶん赤字だったのではないだろうか」とある。

一九六四年、中央公論社版「日本の文学」全八十巻の編集委員として、谷崎潤一郎、川端康成、高見順、伊藤整、大岡昇平、三島由紀夫という錚々《そうそう》たる顔ぶれの中に唯一の外国人としてドナルド・キーンを抜擢したのも嶋中だった。さらに司馬遼太郎に引き合わせ、「日本文学についての話題をキーンさんが抜いてくださるならば」という司馬の条件をキーンに呑ませた上で、その数度の対談の成果を中公新書『日本人と日本文化』(一九七二年)という形でロングセラーにしたのも、嶋中だった。

キーンにとって、ごく当たり前の事実であったかのように書き流されてしまいがちな、この一連の大事な「勉強」の環境を作ってくれた嶋中鵬二の存在は、これまで不当に無視されてきたのではないか。少なくとも日本におけるドナルド・キーンの(特に世俗的な)成功、ないしは日本でキーンが得た知名度は、嶋中の後ろ盾なくしてはあり得なかった。

古典ならびに現代日本文学の翻訳その他による海外への紹介の功績により菊池寛賞や朝日賞を受賞し、『日本文学史　近世篇』で山片蟠桃賞を、『百代の過客　日記にみる日本人』(金関寿夫訳)で読売文学賞、日本文学大賞を、さらに『明治天皇』(角地幸男訳)で毎日出版文化賞を受賞したのが、もとよりキーンの実力のなせる業であることは言うまでもない。しかし、キーンにその実力を発揮させるだけの「勉強」の環境を整え、その基盤を作ったのが嶋中鵬二という一人の若き出版人であったことを、キーンについて考える上で忘れてはならないと思う。

繰り返すがキーンは、ただ腰が低くて誰にでも愛想がよかったから日本で成功したわけではなかった。偶然も本人の実力の内と言うことが許されるならば、嶋中鵬二に出会った偶然こそ、キーンの実力が招いた掛け替えのない「幸運」だった。まず何よりも、そのことを頭に入れて先に進みたい。

2

「どうせ、いろいろ御覧になって、なんでも、よくご存じなんでしょ」

能楽堂だったか、歌舞伎座だったか、キーンと席が近くて紹介してくれる人がいて、その初対面の挨拶の言葉がこれだった。白洲正子である。白洲の口から出た以上、これは痛烈な皮肉であり、嘲笑にほかならない。いつだったか何かの機会に「白洲正子と対談してみたら、おもしろいんじゃないかな、どうですか?」と筆者が勧めたら、「いや、それは無理でしょう」と応えたキーンから、その「無理」の理由として直接聞いた話である。

つまり、キーンは白洲のセリフが皮肉と嘲笑以外のなにものでもないことを感じ取っていた。日本について「なんでも、よくご存じ」なことが、称賛でなく軽蔑の対象となること

――白洲正子にとって、ドナルド・キーンはそういう存在だった。そして白洲のみならず、自分が場合によってそのように見られていることをキーンは百も承知のようだった。しかしキーンは、どんな場合であれ、否定もしないし、一切釈明というものをしなかった。白洲正子はキーンについて何も書き残していないから、どういうつもりでそういうことを言ったのか、今となってはわからない。しかし、白洲正子が面と向かって、しかも初対面の席でキーンにこういうセリフを浴びせたという事実は残る。

そう言えば、白洲正子の随筆に、尾崎一雄の誤解の話が出て来る（「今は昔　文士気質」、新潮社刊『夕顔』所収、一九九三年）。白洲が川崎長太郎の小説を読んで、ぜひとも会って話がしたくて、小田原駅で降りて川崎の「陋屋」まで訪ねて行くが誰もおらず、仕事場として使っていた行きつけの「淫売宿」にもいない。会えないまま、手土産の一升徳利と名刺だけ置いて帰って来る。それからしばらくして、その川崎の出版記念会に北原武夫に連れられて行くと、尾崎一雄が次のような祝辞を述べる。「この頃は金持の女が文士を訪ねるのがはやってるらしい。ベンツか何かに乗って、大えばりでやって来て、見物して帰って行く。ああいうのは許しがたい。川崎さん、あなたも気をつけて下さい」と。これに続けて白洲は書いている、「あきらかに私のことである。私は金持でもなければ、ベンツも持ってはいない。まして、大えばりで見物なんかに行った覚えはない。そう思って唇を嚙みしめていたが、衆人環視の中では言いわけのしようもなかった。／尾崎さんの一言は私を叩きのめし、早々にして退散した」。

それから何年か経って、白洲が『かくれ里』で読売文学賞をもらった時の授賞パーティでのこと。随筆の最後の一節を、そのまま引き写す。


忘れもしない、獅子文六さんと吉田の健坊（健一さん）と話していた時、遠くの方から大勢の人を掻きわけて、私めがけて弾丸のように走って来る小男がいた。「わたしはあんたを見損っていた。何と謝っていいかわからん。ごめんよ。ほんとに申しわけないと思ってる」

と、きつく手を握った。

気がついてみると、尾崎一雄氏であった。


川崎長太郎への祝辞の言葉といい白洲正子に対する謝罪の言葉といい、尾崎一雄の面目躍如として、その場の光景が眼に見えるような白洲の文章である。あるいは立場を逆にすれば、白洲正子とドナルド・キーンの場合も、こんなことであったかもしれない。

日本のことなら「なんでも、よくご存じ」で、京都が大好きで、文学にも古典芸能にも万遍なく通じ、自ら狂言まで演じ、しかも異常なまでに日本で持て囃されながら、謙虚で腰が低く、立居振舞も日本人以上に日本人らしい外国人日本文学研究家――気性の激しい白洲の眼には、こうしたアメリカ人が、どこかうさんくさいものに映ったかもしれない。いずれにせよ、初対面での白洲の反応は、キーンにとって不愉快かつ不本意な経験であったことに変わりはない。

近代文学、書誌学専門の関西大学教授で辛辣なコラムニストとしても知られた谷沢永一は、キーンの『日本の文学』（一九六三年）を絶賛した一人だった。しかし『日本文学史 近世篇』上下が出た時（一九七七年）には掌を返すように、のちに『完本 紙つぶて』に収録された一文で次のように批判した。

ドナルド・キーンの『日本文学史 近世篇』上下（徳岡孝夫訳、中央公論社）は、迎合的な前評判を裏切って、独自の発見や切り込みの殆ど見られぬ大味な通説随順の教科書調。『好色一代男』の世之介を「まったく好感の持てない主人公」で「人間的な深味を持った存在ではない」と貶価《へんか》するのは、大正期教養主義以来の決まりきった批判定型だし、「純粋に文学的な立場から見ると、この作品は失敗作である」と断定する論拠は不明だ。（中略）

対談「江戸期の文学」（『海』八月号）で石川淳に次々とやんわり問いつめられたキーンは、「わたくしは日本文学通史を書くという、まったく無鉄砲な野心がありましたから」「生半可ということで我慢しなければ」と苦衷を洩らしている。その代り学界の有力者たちの論説はくどいほど恭しく引用、我が国での受賞を心待ちにする遠い配慮は完璧だ。

谷沢の引用の仕方は誤解を招くから、まず注釈をつけておく。石川淳との対談で、キーンは次のように発言している。まず、キーンが『好色一代男』は好きではないと言ったのを受けて、石川は西鶴の真作は『好色一代男』だけという森銑三の説を持ち出し、「森さんと違う意見が出てきたら、違うじゃないかとはっきり言ったらいい。そうしますと論争になる。そこまでいかないのが残念だと思います。これはキーンさんに申し上げているんじゃなくて、西鶴の専門家に対してです」と言ったのに対して、

わたくしは京都大学に二年間留学したことがございますけれども、そのとき国文学の教授に野間光辰先生がいらっしゃったんです。野間先生は、全部西鶴が書いたものとおっしゃいますし、暉峻《てるおか》先生もそういうふうにおっしゃるんですが、もし先生がおっしゃる通りにわたくしが本当に西鶴のことを深く研究しましたら、きっとわたくしのためにいいと思うんです。しかしわたくしは日本文学通史を書くという、まったく無鉄砲な野心がありましたから、西鶴ばかりやりますと、完成することはまったく不可能です。わたくしは何かを犠牲にしなければならなかったんです。残念です。生半可ということで我慢しなければならないところがいっぱいあると思います。（石川淳『夷齋座談』下、中公文庫、一九八一年）

西鶴の権威である「野間光辰先生」と「暉峻（康隆）先生」が「おっしゃる」から、というところなど、いかにも谷沢永一の癇《かん》に障《さわ》ったに違いない。しかし、これがそういう迎合の意味でないことは、次のキーンの発言を読めば明らかである。石川が、さらに大田南畝《なんぽ》に関して、「伝記の中の一節で、キーンさんが書いていらしたのは田沼政権との関係のことですね。今までの本には、南畝が田沼意次の片腕だった土山宗次郎と一緒に酒飲んでたとしか書いてない。どういう関係だったかわからないんですよ。ですからああいうことも、キーンさんがお調べくださることじゃなくて、日本の専門家が調べることですけれども、土山宗次郎の取り巻きの一人になって飲んでいたということとは違うんですね。南畝という人は取り巻きになって飲むような人ではなかった。（中略）そういうことを日本の専門家はまだ十分に調べておりませんから、外国からいらして調べようという方には、大変ご迷惑をおかけしていると思います」と言ったのに対して、

いや、もしわたくしが大田南畝の研究だけやろうと思えば、わたくしでもできないことはないと思いますけれども、わたくしはもっと野心がありましてね。あらゆることを書こうと思っておりますので、大田南畝のことを調べるために一年も二年もさいていたのでは、わたくしの『日本文学史』は永遠に完成できないんです。本当に申しわけないんですが、わたくしは日本の学者たちがやった研究に頼っているわけです。

英語で書く初めての通史である『日本文学史』を、なんとしてでも完成させるためには、場合によって「日本の学者たちがやった研究」に頼らざるを得ない、というところに注目すべきである。石川淳の発言は、キーンを「やんわり問いつめ」ているわけではなくて、明らかに「日本の専門家」「日本の学者」たちの「研究」に対する痛烈な批判である。もとより谷沢の言う「大味な通説随順の教科書調」「学界の有力者たちの論説はくどいほど恭しく引用」というのが事実であったとしても、これは意の赴くまま自由奔放に書いた新書版『日本の文学』とは規模も性格も異なり、最終的に邦訳で十数巻にもわたる「文学史」である。海外に日本文学を紹介するというキーンの仕事の本質からして、後世の外国人研究者のための布石と考えれば、谷沢の批判は、いささか見当違いということになるのではないか。

現に、『自伝』に次の一節がある。会話の相手は、レニングラード大学日本語教授エフゲーニア・ピヌス教授。

私が書こうとしている日本文学史のことが、二人の話題になった。私は自分の計画として、日本文学の美を明らかにする楽しい本を書きたいと言った。「著者の生没年や伝記的な事実を入れるつもりはない。作品そのものについてだけ書きたい」と私は付け加えた。「しかし、読者が生没年を知る必要のある時はどうすればいいの」と彼女は尋ねた。「ほかの本で探すことが出来るでしょう」と私。「どの本ですか」と彼女は質《ただ》した。そう言われれば、「ほかの本」などないことに気づいた。少なくとも、英語ではなかった。

こうして、私は文学史の全体の構想そのものを変えることを余儀なくされた。私が気づいたのは、自分にとって退屈な事実も文学史には必要不可欠であるということだった。当初望んでいたように、自分の個人的な解釈と自分の評価を書くことは出来る。しかし同時に、基本的な事実も書かないわけにはいかなかった。この決断の結果、私は二年どころか文学史を完成させるのに二十五年かかってしまった。

当初キーンが構想していたような、いわば『日本の文学』に準ずるような性格の「文学史」の原稿を書いていれば「大味な通説随順の教科書調」は避けられただろうし、「学界の有力者たちの論説はくどいほど恭しく引用」する必要もなかったに違いない。しかし、英語で書かれる初めての日本文学通史（それ以前は、明治三十二年〔一八九九〕に書かれたW・G・アストンの不備な『日本文学史』しかなかった）を志す以上は、これまでに書かれた国文学者たちの主要な「論説」を無視するわけにはいかなかったろうし、それが「くどいほど恭しく」かどうかはともかく、その「論説」もまた英語で文学史を書く上で不可欠な「基本的な事実」であることは、外国人の日本学者の良心からして当然のことではないだろうか。

ちなみに谷沢が絶賛した『日本の文学』の「緒言」は、次のような一節で始まっている。

この本を書いた時、私の目的は欧米の読者、というのは、欧米の文学上の傑作を楽しむのに馴れたものに、私が日本の文学で驚嘆し、また、美しいと思った作品を紹介することにあった。本の枚数が限られていたので、私は日本の文学の長い、複雑な歴史のきわめて大ざっぱな輪郭を描くに止めるか、その作品の幾つかを選んでこれをもう少し詳細に亘って検討するか、その何れかに決める他なかった。私は限定された作品について語る方を取って、それはしかし日本、及び欧米の批評家たちが最も高く評価している傑作の一部には触れないことになることを意味し、そのために例えば私は日本の詞華集の中で疑いもなく首位を占めている『万葉集』について書くことを諦めなければならなくなり、それはこの詩集について書き出せば、連歌と俳句を論じる余地がなくなることは明らかで、私はその連歌と俳句をどうしても取り上げたかったからだった。他の理由から、私は『枕草子』『徒然草』『方丈記』などの傑作も無視しなければならなかった。それ故に、この本は日本の文学について組織的に論究したその概観でもなければ、その代表作を網羅した参考書でもなくて、私が欧米の読者にとって特に興味があるのではないかと考えた日本の文学の或る幾つかの面についての、きわめて個人的な評価を試みたものなのである。

つまり、のちに書くことになる『日本文学史』が、多かれ少なかれ「日本の文学について組織的に論究したその概観」であり、「その代表作を網羅した参考書」にならざるを得ないことを、キーンは十分自覚していたことになる。

おもしろいことに、一九八二年に行われたキーンとの対談（「古典の周辺」、谷沢永一対談集『読書清談』所収）で、文学史の完成まであと二、三年はかかるというキーンの言葉を受けて、あの痛烈な批判をした谷沢が半ば冗談であるにせよ、「結局それが出来たら、われわれはそれをテキストに学生に……（笑）」と迎合しているし、また谷沢が皮肉たっぷりに揶揄《やゆ》した「我が国での受賞」ということでは、キーンは翌八三年、『日本文学史　近世篇』で大阪府の第一回山片蟠桃賞を受賞している。この賞は、審査員として司馬遼太郎と並んで谷沢永一も深く関わっている賞で、現に谷沢はその贈呈式で「独創的な日本文学史観」という題でキーンに祝いの挨拶を述べている（大阪府生活文化部文化課編集発行『山片蟠桃賞の軌跡1982−1991』所収、一九九三年）。辛辣で名高い谷沢のコラムというのは、どうやらその場限りのものであったらしい。

柄谷行人は、自身が編集した浅田彰・蓮實重彥・三浦雅士との座談『近代日本の批評　昭和篇（上）』（福武書店刊、一九九〇年）で次のように発言している。


戦後アメリカのジャパノロジストは『雪国』をノーベル賞までもち上げたけど、彼らの立場そのものが『雪国』にあったということです。彼らにとって、トンネルをこえると日本だったというようなものです。そこに哀れで、美しい日本がある。いつでも気が向けばトンネルをこえてそこに行けばよい。

さらに後段で、

今年は芭蕉の『奥の細道』の三百周年とかで、芭蕉関係の本がたくさん出ていますが、どれもこれも保田の『芭蕉』に比べれば生彩がない。みんなドナルド・キーンが書いたみたいなものです（笑）。

と発言している。いくら座談とは言え、何の根拠も示さず放言されたこれらの言葉は、日本における学者ドナルド・キーンの位置を巧まずして示している。すなわちドナルド・キーンは数多くの「ジャパノロジスト」の一人に過ぎず、その「ジャパノロジスト」というのは「哀れで、美しい日本がある」ことを求めて「いつでも気が向けばトンネルをこえてそこに行けばよい」外国人のことである。さらに、ドナルド・キーンは保田與重郎に比べれば「生彩がない」芭蕉論を書く凡百の日本の論者と同位置にある日本文学研究家に過ぎない、と。しかし、これは本当にそうなのだろうか。

たとえば柄谷行人によれば、いかにも外国人が好きそうだと思われている『雪国』その他の「哀れで、美しい日本」を描いたとされる川端の作品の翻訳をキーンは一篇もやっていないし、キーンによれば川端の最も注目すべき作品は、「哀れで、美しい日本」とはまったく関係ない『眠れる美女』だった（川端のノーベル文学賞受賞に際して、一九六八年十二月八日付ニューヨーク・タイムズに書いた寄稿文。『「ニューヨーク・タイムズ」のドナルド・キーン』所収）。

キーンがノーベル文学賞に推薦した中には年齢から言って礼儀上、川端も含まれていたかもしれないが、むしろキーンが積極的に推薦していたのは谷崎潤一郎だった。現に、先の寄稿文には「一九一三年のタゴールの受賞以来、アジアの作家は受賞していない。漱石や魯迅や谷崎のような偉大な小説家が無視され……」（傍点引用者）という一節がある。キーンにとって谷崎亡きあとは三島由紀夫であり、のちには安部公房であり、大江健三郎だった。

とりわけ自身が翻訳した『宴のあと』（*After the Banquet*, 1963）をフォルメントール賞に強く推していたキーンは、三島由紀夫にノーベル賞を受賞させたかったし、三島本人も強くそれを望んでいたことは周知の事実である。それが三島でなくて川端になったについては、川端が三島を自宅に呼んで今回は賞を譲ってくれるように頼んだという説（村松英子、瀬戸内寂聴）、あるいは審査委員会の中に日本文学について何も知らないにも拘わらず日本事情に詳しいとされていた人物がいて、彼が三島は若い左翼（！）だから斥けて川端を推したという説（キーン）、等々諸説がある。

先のニューヨーク・タイムズに書かれた一文には、「非常に驚いたことに」川端康成が受賞した、という一節がある。これは、それまで数年にわたってノーベル賞選考委員会から日本人の候補を推薦してくれとの依頼に応えて何度も推薦して来たにもかかわらず、一向に日本人が受賞しないので諦めていたところが、「非常に驚いたことに」日本人が受賞した、という意味と、自分が推していた三島由紀夫でなくて、「非常に驚いたことに」川端康成が受賞したという二つの意味が込められている。その証拠に、三島とキーンとの間でノーベル文学賞のことが何度も話題になっていたにもかかわらず（あるいは、話題になっていたからこそ）、この一文の後段では、将来の授賞予定者として安部公房と大江健三郎の二人の名前だけを挙げ、当時の最有力候補だった三島については一切触れていない。

ともあれ、キーンは日本文学選集の近代・現代篇（*Modern Japanese Literature*）を出す際に、当時日本ペンクラブ会長だった川端康成が進んで掲載作品の版権を取ってくれたことに感謝していたことは確かだし、作家として尊敬もしていたろうが、少なくともキーンは『雪国』をノーベル賞まで持ち上げたと、ひとしなみに評される「ジャパノロジスト」の一人ではなかった。

また芭蕉論についても、どこを指して柄谷が「生彩がない」と断定しているのか不明だが、おそらく、これまた「ジャパノロジスト」的一般論が展開されたに過ぎないのではないかと思われる。キーンが芭蕉にぞっこん惚れこんだのは、それが「哀れで、美しい日本」だからではなかった。たとえば『日本文学史　近世篇』の「松尾芭蕉」の章に、次の一節がある。

『奥の細道』中のもっとも感動的な一節は、芭蕉が杜甫の「春望」の詩を否定しているくだりであろう。（中略）芭蕉は多賀城趾《たがじようし》を訪れ、はるか七六二年、奈良時代に建てられた城修復の碑を見ている。碑文は詩歌からはほど遠い、単なる修造の記録にすぎないのだが、その古さが芭蕉を深く感動させる。彼自身の筆によると、その感動の理由はこうである。

むかしよりよみ置《おけ》る歌枕、おほく語伝《かたり》ふといへども、山崩《くずれ》川流て道あらたまり、石は埋て土にかくれ、木は老て若木にかはれば、時移り代《よ》変じて、其跡たしかならぬ事のみを、爰《ここ》に至りて疑なき千歳の記念《かたみ》、今眼前に古人の心を閲《けみ》す。行脚の一徳、存命の悦び、羇旅《きりよ》の労をわすれて泪も落るばかり也。

この一節は、きわめて大きい意義を持っている。「国破レテ山河ハ在リ」と吟じた杜甫は間違っていた。山河もまた国とともに滅びる宿命を担ったものである。……それが芭蕉の言いたいことであった。だが、山が崩れ、川の流れが改まっても、詩歌だけは変わらない。詩歌に詠まれた歌枕は、その土地の自然よりも長生きをする。奈良時代の古碑を見た芭蕉は、「書かれた言葉」の永遠性への確信を新たにした。（『日本文学史――近世篇一』徳

岡孝夫訳、中公文庫）

これを読んで、たとえば「山が崩れ、川の流れが改まっても、詩歌だけは変らない」とか、「奈良時代の古碑を見た芭蕉は、『書かれた言葉』の永遠性への確信を新たにした」と書いたキーンの見解が陳腐であると反駁するならまだしも、「みんなドナルド・キーンが書いたみたいなものです」と訳知り顔に放言するのは、誰よりも「議論のたて方」（司馬遼太郎「ホテルと漱石山房」、『ニューヨーク散歩　街道をゆく39』所収）に厳しい柄谷行人の言葉として、いささか軽率だったのではないだろうか。

一九八二年十月、ドナルド・キーンは朝日新聞社客員編集委員に就任した。任期は十年。日本で定収を得ることで、キーンの「勉強」の環境は間違いなく整えられたに違いない。キーン、六十歳。この人事は朝日新聞の連載『百代の過客　日記にみる日本人』を生むことで、キーンの業績に大いに貢献した。しかし一方で、キーンは掛け替えのない友人から絶交されることになった。徳岡孝夫である。

一九三〇年、大阪市生れ。京都大学英文科卒。フルブライト留学生として米シラキューズ大学新聞学部大学院修学。毎日新聞社で社会部、サンデー毎日、英文毎日の各記者、編集次長、編集委員などを歴任。ベトナム戦争、中東戦争、三島事件等を取材。ニューヨーク・タイムズのコラムニストも務めた。——以上は、徳岡孝夫『「戦争屋」の見た平和日本』（文藝春秋刊、一九九一年）の著者紹介から一部を引き写したものである。これにさらに、ドナルド・キーン『日本文学史』近世篇、近代・現代篇の翻訳者としても知られる、と付け加えておこう。絶交と言っても、徳岡が直ちに面と向かってキーンに、そう宣言したわけではない。近世篇から始まって近代・現代篇の途中まで『日本文学史』が連載されていた文芸誌「海」の休刊（一九八四年五月号）を機に、新聞社の仕事が忙しいことを理由に、徳岡は「文学史」の翻訳から一切手を引いた。しかし徳岡が忙しいのは何も今に始まったことでなく、キーンの翻訳を引き受けた時から事実そうであったわけだから、これは翻訳を降りる理由にならない。

徳岡が朝日新聞を嫌っていたことは、キーンも含めて徳岡を知る人にとっては周知の事実だった。一例を挙げれば、徳岡孝夫『ベトナム戦争は忘れていいのか――サイゴンカタストロフィ』（みき書房刊、一九七六年）の「まえがき」に次の一節がある。

サイゴン陥落の一日前に、米軍ヘリコプターに便乗してベトナムに別れを告げた私は、日本に帰ってまもないある日、さるセミナーで発言する機会を与えられた。「ベトナム解放後の東南アジアを語る」といったテーマで、代表的な大新聞社の記者たちが招かれていた。私がサイゴンでの経験について、本書に書いたような内容を報告すると、某進歩的大新聞の記者は、おもむろに「しかし、われわれは、歴史の流れを見誤ってはならないと思います」と、補足発言をされた。そのときの私は、「だけど、事実も見誤ってはならないと思います」と、口では一応の反論を試みただけだったが、内心ではびっくり仰天してしまった。社会部育ちの私は、新聞は事実を公正に報道しなければならぬと後生大事にきめこんでいたのだが、それだけでは十分ではなくて、どうやら「歴史の流れ」を見誤らない配慮もしなければならないらしいのだ。私は反問したい。しかし、いったい、どんな歴史の、どんな流れをか、と。（傍点は原文）

ここに出て来る「某進歩的大新聞」とは、言うまでもなく朝日新聞のことである。ことあるごとに、徳岡は朝日新聞と真っ向から対立していた。ここに書かれた言葉をそのまま使えば、「事実」（徳岡）と「歴史の流れ」（朝日新聞）との対立と言っていい。

「歴史の流れ」は歴史家にまかせればいいので、ジャーナリストは「事実」を伝えることに専念すべきだというのが徳岡の信念というか、生き方そのものだった。そのことをキーンは徳岡との食事の時の会話や徳岡が書いた記事を通して、百も承知であるはずだったし、しかもキーンは終始、徳岡に賛意を表する立場にいた。

しかし友人・司馬遼太郎の推挽もあって、その朝日新聞社の客員編集委員にキーンは就任した。当時、徳岡が仕事の都合で翻訳から降りたと聞いた時、筆者「やっぱり、まずかったんじゃないですか」、キーン「なにがですか」、筆者「朝日新聞の客員になったこと」、キーン「それは関係ないでしょう、それとこれとは別です。徳岡さんとは、なにも関係ないことです」というやり取りがあったのを覚えている。

キーンは、意外にも大切な友人の心の機微に鈍感だった。徳岡にしてみれば、ふだんから正反対の立場にあって自分が大嫌いな新聞社に、キーンは自分の「勉強」の環境さえ整えば平気で世話になるような人間なのか、ということであったに違いない。キーンは、なにかというと徳岡のことを自らに厳しい「サムライ」と呼んで、ケジメというものを重んじるその気質を誰よりもよく知っていたはずだった。しかし、ジャーナリストである徳岡孝夫にとって絶対に譲ることが出来ない敵対関係にあった朝日新聞に、その理由はともかく、キーンは籍を置くことにした。掛け替えのない友人の信条であり心情でもある心の機微に対するこういう鈍感さは、明らかにキーンの欠点の一つと言っていいかもしれない。

徳岡がキーンの翻訳から降りて、一年ほど経った頃、もはや徳岡の復帰はあり得ないと覚悟したキーンから、「翻訳をやってくださいませんか」と筆者は頼まれた。その時の経緯は、ほかにも書いたから、ここでは省く。ただ、キーンは『日本文学史』の邦訳の発表に際して約一年間のブランクを置いてしまったことで内心焦っていた。理由は、自分がすでに英語で書いていることを、誰かほかの研究者が日本語で先に発表してしまっては困る、ということだった。

つまり、キーンが欧米の読者に向けて『日本文学史』を書いていたのは事実だが、同時に、その内容においてキーンは明らかに日本の研究者と張り合っていた。しかし残念なことに、まともにキーンの「文学史」に反駁する国文学者ないしは日本文学研究家は一人もいなかったし、ここでもまたキーンは無視され続けた。いつの日か、心ある若き国文学者がキーンの『日本文学史』の古代篇から中世篇、近世篇から近代・現代篇に亘るすべての論考について、その是非を明らかにしてくれることを願ってやまない。

キーンが朝日新聞の客員編集委員をやめて、しばらく経った頃だった。すでにキーンと仲直りしていた徳岡は、ごく内輪だけのキーンの誕生パーティに出席した。その帰り道、歩きながら徳岡に訊いたことがある。あの時、キーンさんから離れて行ったのは、やはり朝日の客員になったことが原因なんでしょう、と。しかし徳岡は話を逸らして、「当時、キーンさんの家の年末恒例のパーティに招かれる客は、永井さん、嶋中さん、有吉（佐和子）さん、安部さん、篠田（一士）さん、中村（紘子）さん、有名人ばかりでしょう？　その仲間に自分のようなものが加わっているのが、なんだか場違いな気がしただけ、それで身を引いた、それだけのことですよ」と笑って応えた。そして徳岡孝夫は、その後もドナルド・キーンと朝日新聞のことには一切触れたことがない。

ついでと言ってはなんだが、キーンから聴いた徳岡のエピソードを一つ。キーンの軽井沢にある小さな山荘に、忙しい合間を縫って、中古のカローラを運転して徳岡が泊まりに来たことがあった。ワインを飲みながらの食事中、徳岡はよほど疲れていたのか、キーンと座卓を挟んで、居眠りを始めた。しばらくして、自分が眠ってしまったことに気づいた徳岡は、えらく恐縮して、身の置きどころがないようにして謝った。ところが、キーンは嬉しくてたまらなかったらしい。忙しいさなかに自分の小さな山荘まで駆けつけてくれ、すっかり気を許し、くつろいでくれたせいで、思わず徳岡は居眠りしたのだ、と。「徳岡さんはサムライですから、えらく恐縮してしまって」と、キーンは笑って話してくれたことがある。

そういう仲であったにもかかわらず、キーンは自分が朝日新聞社の客員編集委員になったと聞いた時の徳岡の気持を思いやることが出来なかった。ドナルド・キーンには、そういうところがあった。しかもキーンには、みじんも悪気はないし、やましい気持もない、ただ、わからなかっただけである。

そう言えば徳岡より遥か以前から、キーンは三島由紀夫と親友だった。徳岡と知り合ったのは三島が自決した後で、一九七二年二月から三島を偲ぶ「鬼怒鳴門文学道中記」としてサンデー毎日」にキーンとの旅行中のやりとりを徳岡が連載し、徳岡とキーンの共著『悼友紀行　三島由紀夫の作品風土』（中央公論社刊、一九七三年）として刊行したのがきっかけだった。一方、三島の自決の直後、キーンがニューヨーク・タイムズに寄稿した三島の追悼文（*Mishima*、一九七一年一月三日付）は、三島の「仮面」が「肉体」と化していく様を辿った三島論の白眉と言っていい。ただ、気になる部分が幾つかあった。たとえば、次の一節。

……三島が信じていたのは、若者の純粋さと自分の信念のために死ぬ覚悟が出来ている者だけが日本の文化を救うことが出来るということだった。
わたしは、三島に同意しなかった。一九三〇年代の暗殺に参加した青年将校たちの行動は、わたしには恐るべきことで、狂気の沙汰とさえ思えた。しかし彼は、わたしの反対する論拠がすべてわかっていて、しかもわたしの意見を斥けつつ、その論拠をわたしより的確に述べることが出来たのだった。（『「ニューヨーク・タイムズ」のドナルド・キーン』所収）

さらに、次の一節。

三島はウェイト・リフティングに続き、次はボクシングに、さらに日本の伝統的な武術である剣道に熱中した。まだほんの初心者だった頃の三島の稽古を、わたしは見に行ったことがある。稽古の相手は有段者の編集者で、それが稽古として望ましいことと感じたのか、時々は三島に打ち込ませていた。剣道の面や胴着は、どういうわけかわたしをぞっとさせたし、彼らの奇妙な気合の叫び声は、なんとも異様なものだった。しかし稽古が終わると、三島は素早く面を脱ぎ、にっこり笑って得意げにわたしの方へ来て、見物人がいたとは嬉しいね、と言った。

どちらも、キーンが三島に違和感を覚えた瞬間を捉えた一節である。これを読む限り、三島由紀夫とドナルド・キーンは、お互いに相容れない部分があるのを十分承知の上で親友だったことがわかる。日本のことなら「なんでも、よくご存じ」のキーンの与り知《あずか》らない、理解出来ない心の領域があったとしても少しもおかしくないし、キーンは、わからないものはわからないと、まったく気にも留めないところがあった。

徳岡孝夫の心の機微についても、おそらくそういうことだったのではないか。そういうキーンであるからこそ三島由紀夫もまた、率直かつ端的に「わたしの反対する論拠がすべてわかっていて、しかもわたしの意見を斥けつつ、その論拠をわたしより的確に述べることが出来た」のではないか。いったん絶交した徳岡が仲直りしたのも、キーンのそういう性格を十分承知の上で親友だったからだろう。かりに政治的意見や歴史的見解で立場を異にしても、三島由紀夫や徳岡孝夫からそういう形で「親友」として遇されるだけの何かを、ドナルド・キーンという人物は自ずと身に備えていたと考えるほかない。

3

揶揄でも皮肉でも嘲笑でもなく、ドナルド・キーンという人物を活写している二つの文章を、ここで引用しておきたい。一つは、キーンとの最初の対談集『日本人と日本文化』の「はしがき」に書かれた司馬遼太郎の次の一節。

私はキーン氏に会って、いろいろふしぎな印象をもった。びんのあたりに白いものがまじる年齢になりながら、このひとほど少年のころの彼を容易に復元できる人に接したことがない。小鳥の柔毛《にこげ》のように美しいまつ毛の下の瞳には、いつも少年のような愕《おどろ》きやすさが用意されていて、しかもその知的好奇心や感受性でとらえたものごとを、とらえるとすぐ蒸溜しきって真実を滴《したた》らせる焔《ほのお》が燃えつづけているという感じである。この焔は、ニューヨークの薄暗い地下鉄の座席にすわりながら、自分が採集してきて書きとどめた漢字を見つめ、そのふしぎな魅力とそのむこうにある未知の文明を想ったという少年のころから不断の燈明のように燃えつづけてきたものであろう。戦争はこの少年を、日本語を学ばせるという運命にひきずりこんだ。やがて日本文学という人類がもった特異な世界に力強い普遍性のつばさを付けるという仕事をこのひとはになった。（後半の傍点は引用者）

生身のドナルド・キーンと学者としてのキーンの風貌を、電光石火とも言うべき早業で一挙に摑んだ一文である。司馬遼太郎は別のところで、キーンのことを「会っていながら、その場ですでに懐しさをおぼえてしまう」「このようなふしぎな思いを持たせる人は、ほかに思いあたらない」と書いている（キーンとの二冊目の対談集『世界のなかの日本』のあとがき）。

今一つは、吉田健一『交遊録』に収録されている「ドナルド・キイン」の次の一節。吉田が初めてキーンに会った時に受けた「印象」である。

……それが本から受けたのとは全く違つた印象だつたとは言はない。一体に学者だとか専門家だとかいふ感じがする人間が実際にその名に価する学者や専門家であることは滅多にないからでキインさんには、これは勿論今でもさうであるが本を書いたりする人間を思はせるやうな所が全くなかつた。又これはさうでなければならないことでもある。誰でも勉強したり本を書いたりしてゐる時にそれをしてゐるのでそれ以外でもやはりそのやうな感じを人に与へるならばそれは仕事をしてゐる間のその仕方が足りないからで褒めたことではない。併しそれで陸《ろく》な仕事をしない代りに如何にも仕事に打ち込んでゐる風に見えるものが多い中にキインさんにはさういふ所が徹底して全くない。キインさんならばホテルの受付で部屋の鍵を渡してくれてもさういふホテルでの集りでこれが国務省の誰といふことで紹介されてもそのまま通ることと思はれる。併し何れの場合も、或は他のどういふ場合でもキインさんの人間としての魅力に打たれずにゐるものがゐることは想像し難い。これはそれ以外に呼びやうがないものであつて例へば曇りの天気が続いた後で日が差し始めれば胸が開ける思ひをしないではゐられないのに似てゐる。それが巧まずしてさうであるのも日が人を喜ばせる積りで差してゐるのでないのと同じである。

吉田健一ならではの辛辣かつ奇矯な表現が続く中で、「ホテルの受付で部屋の鍵を渡してくれてもさういふホテルでの集りでこれが国務省の誰といふことで紹介されてもそのまま通ることと思はれる」といふくだりは、学者キーンの風貌として特に秀逸ではないかと思われる。キーンの素顔を知っている者ならば、即座にこれに同意するに違いない。また、後段の「日が差し始めれば」云々のくだりは、「それが巧まずしてさうである」と言い、「日が人を喜ばせる積りで差してゐるのでないのと同じ」と言っているところなど、ずばりキーンの「人間としての魅力」の核心を衝いているのではないか。

司馬遼太郎にせよ吉田健一にせよ、いずれも一人の比類ない人間の素顔をこれ以上に簡潔には言えないと思われる言葉で描き出している。そして、この優れた友人たちによる二つのキーン像は、それを読む者にキーンに対する正当な評価を否応なく迫って来る——こうした素顔を持つドナルド・キーンの仕事を評価するとはどういうことか、ドナルド・キーンの仕事の本質とは何なのか、いったいドナルド・キーンとは何者なのか、と。

処女作に、すべてがあるかどうかは知らない。しかしドナルド・キーンの仕事の性格をつかむには、数々の賞をもらった後期の代表作（『日本文学史』『百代の過客』『明治天皇』等）よりむしろ、ごく初期の作品に注目すべきではないかと思われる。日本の複数の出版社が、繰り返し自伝を刊行して恥じなかった相手である。ドナルド・キーンという人間ないしは学者の特性は、日本および日本語との「出会い」を象徴する若き初期の作品にこそ最も初々しく、しかも力強い形で姿を現わしているはずだからである。

すなわち初期の三作、*The Battles of Coxinga : Chikamatsu's Puppet Play, Its Background and Importance*, 1951（「国性爺合戦　近松の人形浄瑠璃、その背景と重要性」）、*The Japanese Discovery of Europe : Honda Toshiaki and Other Discoverers, 1720-1798*, 1952（「日本人の西洋発見　本多利明とその他の発見者たち（一七二〇－一七九八）」）、そして*Japanese Literature : An Introduction for Western Readers*, 1953（「日本の文学　西洋の読者のための入門」）である。

『国性爺合戦《こくせんや》』はコロンビア大学に提出した博士論文で、何よりも「国性爺」という作品を英訳して提示することが基調になっているため邦訳はない。『日本人の西洋発見』は、やはりその前に修士論文として提出した本多利明《としあき》の研究である。いずれもコロンビア大学大学院時代の角田柳作の近松の授業、ならびに「日本思想史」の中の蘭学者に特化した授業からヒントを得て書かれたもので、この二つの著作を見ただけで学者キーンにおける恩師・角田柳作の影響力に並々ならぬものがあったことが窺える。

一方、三作目の『日本の文学』は、ケンブリッジ大学で初めて講義した日本語、日本文学の授業ならびに自身の研究から得た成果を、一般聴衆も含めた公開講義という形で発表したものが基本になっている。キーンの独自性は特にこの三作目に顕著に見られて、これは司馬遼太郎が「その知的好奇心や感受性でとらえたものごとを、とらえるとすぐ蒸溜しきって真実を滴らせる焔が燃えつづけている」と書いた見本のような作品である。

まず、脇道にそれるようだが、キーンが博士論文として『国性爺合戦』をテーマにしたについては、いかにもキーンらしい「偶然」の事情が関与していた。

……角田先生に師事して日本文学を習っていた私は、やがて学費に窮した。そしてちょうどそのとき、うまいぐあいに中華民国政府から奨学金の話があった。

その奨学金には、二つの条件が付いていた。中国で軍務に服した経験があることと、もう一つは中国に関した研究をしている者。私は第一の条件に適合していたので、好きな日本文学にからめながら二番目の条件にかなう研究をと考えた。折りよく思いついたのは「父は唐《もろこし》母は日本」の『国性爺《こくせんや》合戦』である。さいわいテーマの選択によろしきを得たのか、奨学金がもらえることになった。私は場所を変えて「国性爺」の徹底的研究をしようと思い、禅で言う遍山《へんざん》を志してハーバード大学へ行った。(『日本文学のなかへ』、傍点引用者)

簡単に読み過ごしてしまいそうなこの回想の一節から、ここでは「学費に窮した」という言葉に注目したい。学生時代のみならず、その後の学者ドナルド・キーンの人生を象徴するような記述だからである。

ニューヨーク市立小学校から市立高校まで首席で通したキーンは、二回飛び級したため、十六歳でコロンビア大学に入学した。すでに十四歳の時に両親が別居していたため、自らの力で得たピュリッツァー奨学金による特待生だった。その後、引用文にあるように大学院時代に「学費に窮した」キーンは、折よく出現した中華民国政府の奨学金を得るために、その給付の条件に見合うテーマを絞り出し、それが結果的に『国性爺合戦』の研究を生むことになった。二十六歳でケンブリッジ大学に留学する時は、ヘンリー奨学金の条件に合わせるために研究対象を無理してアラビア語とペルシャ語で申告し、幸いにも東洋言語の教授の裁量で日本語の研究に打ち込むことが出来た。初めて日本語および日本文学の授業を担当したのは、この時のケンブリッジである。そして京都大学大学院を目指して日本に留学した時には、フォード奨学金の条件に合わせるために、一番やりたかった芭蕉の研究でなく、「現代日本に残る古典文学の伝統」というテーマを絞り出し、首尾よく奨学金を得ることが出来た。

すなわち、ドナルド・キーンは十六歳の大学入学当時から、自分の「勉強」の環境を整えるために、あらゆる手を尽くし（具体的には、奨学金を得ること）、それを実現して来たのだった。キーンの生き方の中心に据えられたのは、常に抜きがたく「学費に窮した」という事実だった。それをキーンは臨機応変に、そのつど乗り切って来た。つまり、いかなる事態に直面しても的確に対処し、自在に乗り切って行く——このことを指して「世渡りがうまい」と言うのであれば、若い頃からキーンにはそういう才覚があった。

また、学者であると同時に根っからの「教育者」を自任するキーンは、コロンビア大学で優れた学生たちに講義することが大好きだったたし、一般の聴衆相手の講演も楽しくて仕方ないようだった。一時期、キーンは講演を頼まれると必ず引き受けていた。生涯一人で暮らす覚悟だったキーンは、壮年期から晩年にかけて、せっせと講演を引き受けては北海道から沖縄まで飛び回り、余生の「勉強」の環境を整えることに備えた。引き受け過ぎて、辟易《へきえき》していたこともあった。しかし本人は、若い頃から苦労してきた性分で、依頼された講演を断ることが出来ない。今となっては笑い話だが、何かいい断り方はないものでしょうか、と相談を持ち掛けられた筆者は、「講演は五十万円以下では引き受けないことにしています」と言ったらいい、きっと相手は諦めるでしょう、と半ば冗談で応えた。講演料が、まだ最高で十万円ほどだった時代である。ところが案に相違して、相手は「ぜひ、お願いします」と応えてきた。「どうやら、せっかくの神通力が通じなかったようです」と、キーンは笑うしかなかった。こうした冗談も、あるいは講演を依頼してきた相手にとっては、キーンに対する一種の誤解を生む要因となったかもしれない。

さて、『国性爺合戦』である。

もとより近松の人形浄瑠璃について書かれたドナルド・キーンの博士論文、すなわちキーンの学問的業績を判断できる資格も能力も筆者にはない。ただ、コロンビア大学時代の恩師マーク・ヴァン・ドーレンが序文を書き、その序文に付されたキーンの手記は、そのまま、のちのキーンの仕事の骨格を端的に語っているので、ここにその冒頭部分だけを訳出しておく。

本書は、もともと近松の有名な人形浄瑠璃『国性爺合戦』を、ぜひとも翻訳したいという気持から始まった。しかしやがて、一般の読者には日本の浄瑠璃の舞台の話や、浄瑠璃作品の歴史的な背景についての説明がない限り、その興味の大事な部分が失われる恐れがあるということがわかった。そこで私は、たとえば日本の読者がシェイクスピアの歴史劇を十分に理解するためには当時の英国の社会制度や英国人について知る必要があるのと同じように、丁度それに対応するような当時の日本の時代背景について西洋の読者のために書くことにした。しかし、やがて私はそれだけでは済まないことに気づいた。国性爺（というより実在したモデルの鄭成功＝訳者注）が西洋各国の歴史書と称される作品でも、劇的な英雄として扱われていることを知ったからである。近松の『国性爺合戦』は、有名な武将の生涯に劇的な一貫性を与えるためにフィクションの手が加わった歴史（歴史小説＝訳者注）と、歴史的フィクション（時代小説＝訳者注）の双方で行われて来た数多くの不完全な試みの頂点に立つ作品だった。（傍点引用者）

大学に提出する博士論文でありながら、早くも「一般の読者」を意識しているところは学者として型破りなキーンならではの特徴と言わなければならない。これについては、博士論文を書き始めたハーバード大学「遍山」時代に薫陶《くんとう》を受けたエドウィン・ライシャワーの影響が強かったのではないかと思われる。言うまでもなく、のちにケネディ政権時に日本駐在大使を務めたライシャワーである。この時期のことを、『自伝』は次のように書いている。

ライシャワーは当時、日本史の助教授だった。（中略）ライシャワーの一番の傑作である円仁《えんにん》の日記に関する優れた研究は、まだ出版されていなかった。九世紀の口語と古典中国語が入り交じった難解な日記の翻訳は、学問とはこういうものだという模範のような仕事だった。（中略）

私が感銘を受けたのは、同時にライシャワーが「より普遍的な広い意味での人類の歴史の記録に関心を寄せる人々」のために、円仁に関する二冊目の本を出したことだった。これは当時の研究者の態度としては、極めて異例なことだった。（中略）一般大衆のために書くというライシャワーの決断は、一方で、日本映画をテレビで上映するシリーズを編纂《へんさん》するといった彼の晩年の教育的活動を予見させるものだった。こうした面でのライシャワーの仕事は、私が自分の本を出し始めた時に何より励ましになった。

「一般大衆のために書く」という学者ライシャワーの姿勢は、そのまま学者ドナルド・キーンの仕事に受け継がれ、その基本方針になったと言っていい。『日本文学史』然り、『百代の過客』然り、『明治天皇』然り、である。そしてその骨格は、すでに最初の著作である博士論文『国性爺合戦』で明確に示されていたことを、ここで特筆しておきたい。

修士論文を中心に構成されている『日本人の西洋発見』は、独立思想を持った洋学者たちの「西洋発見」を扱ったものである。一九五二年に出た修士論文そのままの旧版では本多利明、司馬江漢を扱い、一九六八年に先に芳賀徹訳の日本語版が、次いで六九年に英語版が出た改訂版 *The Japanese Discovery of Europe, 1720-1830* で、最上徳内、間宮林蔵、平田篤胤と洋学を扱った最後の二章が追加された。

『国性爺合戦』同様に本書もまた「一般の読者」に向けて書かれたことは言うまでもないが、この「修士論文」についても筆者はその学問的業績についてとやかく言う資格はない。ただ、ここではキーンの関心が、江戸時代の他の著名な儒学者たち（たとえば伊藤仁斎、荻生徂徠、本居宣長等々）でなく、もっぱら独立思想を持った蘭学者、洋学者たちに向けられたことに注目したい。

この対象の選択自体にも勿論、角田柳作の授業の影響が色濃く反映されている。しかし、のちにキーンが『日本文学史』の近世篇に *World Within Walls*（「壁の中の世界」＝鎖国）というタイトルを付け、近代・現代篇に *Dawn to the West*（「西洋への夜明け」＝開国）というタイトルを付けたことでもわかるように、鎖国から開国への動きにキーンの学者としての関心が寄せられていたことは間違いない。しかも鎖国のさなかにあって、ひたすら外へ向かって渇望の眼差しを注ぎ続けた少数の日本人がいて、彼らが西洋と初めて「出会った」劇的瞬間を捉えることが、キーンにとっては極めて大事なことだったと思われる。その序文に、次の一節がある。

……私は本書の中心人物として本多利明を選んだ。利明のどの著作でもよいからその一ページを読んだだけで、かれとともにひとつの新しい時代がはじまったこと、近代日本がはじまったことがわかるはずである。かれの書物のなかには、ある新しい精神がある――不安な、好奇心旺盛な、感受力鋭敏な新精神が。かれのうちにはさまざまの新発見に対する驚嘆があり、地平線をひろげることへの歓びがある。（中略）後年の日本のめざましい変化は、ペリー提督来航のおかげとされていることがあまりにも多いが、実はそれは本多利明のような先駆的知識人たちの驚くべき努力と熱情によってこそ準備されていたのである。（『日本人の西洋発見』芳賀徹訳、中公文庫）

立場や姿勢、目的の違いこそあれ「さまざまの新発見に対する驚嘆」、さらに「地平線をひろげることへの歓び」という点で、キーンは本多利明に自らを重ね合わせていたに違いない。そして、ここで語られた「不安な、好奇心旺盛な、感受力鋭敏な新精神」への共感は、晩年の評伝*Frog in the Well*, 2006（『渡辺崋山』、原題は「井の中の蛙（大海を知らず）」）で完結することになる。

三作目の『日本の文学』は、すでに述べたようにケンブリッジ大学での自身の公開講義を基調に書かれた。二百五十人が収容できる講堂で五回にわたって行われたこの講義の聴衆は、毎回十人足らずで、キーンは専門を日本語からロシア語に変更しようかと真剣に考えたほどのショックを受けた（河路由佳『ドナルド・キーン　わたしの日本語修行』）。しかし、日本語訳が出る時に書き足された「緒言」の後半部分で、キーンは次のように言う。

……私にとってこの本は思い出が多いもので、これを私はまだ実際に日本というものを知らず、またその頃私が教職にあった英国から京都その他、私が文学を通して知った日本の各地に行けるだけの金を手に入れることはまずなさそうだった時代に書いた。その当時は日本から本を取り寄せるのが容易なことではなかった。そして私は、自分が関心を持っている国からあまりにも遠い所にいて、その上に、私の日本の文学についての講義に誰も何の反応も示さないので落胆していた。私は日本の文学の研究を全然止めてしまって、何かもう少し大学で人並に通用する仕事に転じようかとさえ思い、それでそういう私と、私の講義を聞きに来るものに私がやっている仕事が価値あるものであることを証明するためにこの本を書いた。もし私が今こういう本を書くならば、その後、さらに十年間、勉強を続けただけの違いをそれは示しはするかも知れないが、私がこの本で最初に日本の文学に傾けた情熱を再現することは難しいのではないかと考える。（『日本の文学』吉田健一訳、中

公文庫）

「講義に誰も何の反応も示さないので落胆していた」にもかかわらず、「そういう私と、私の講義を聞きに来るものに私がやっている仕事が価値あるものであることを証明するためにこの本を書いた」というのは、逆に言えば大した自信であり、志の高さを示すものと言わなければならない。まさに、本多利明の「努力」と「熱情」に匹敵する自負である。

本文は「序章」「日本の詩」「日本の劇」「日本の小説」「欧米の影響を受けた日本の文学」の五章から成り、日本語訳が出るに際して別に五篇が追加されたが、キーンの精神の骨格は本文全五章に尽きている。

本書を読めば、キーンが惹かれたのが「哀れで、美しい日本」という抽象的観念でないことは明らかである。キーンがケンブリッジ大学で初めて担当した日本語の授業のテキストに使用したのは、紀貫之の書いた『古今和歌集』仮名序だった。ここでは「日本の詩」に引かれている表記そのままに、その冒頭の有名な一節を引く。

やまとうたは、ひとのこゝろをたねとして、よろづのことの葉とぞなれりける。（中略）花になくうぐひす、みづにすむかはづのこゑをきけば、いきとしいけるもの、いづれかうたをよまざりける。ちからをもいれずして、あめつちをうごかし、めに見えぬ鬼神《おにがみ》をも、あはれとおもはせ、をとこ女のなかをもやはらげ、たけきもの丶ふのこ丶ろをも、なぐさむるは哥《うた》なり。

すなわち、キーンが何よりも魅せられたのは、「ひとのこ丶ろをたねとして、よろづのことの葉とぞなれりける」という形で語られた日本語の特性であり、ヨーロッパの言語はもとより中国語とも明確に異なる日本語の機能であり、その具体的な働きだった。「哀れで、美しい日本」という抽象的観念でなく、ひたすら具体的に日本の言語——その「ことの葉」に注目したところに、学者ドナルド・キーンの本領があった。

「序章」で、たとえば日本が中国の強い影響下にあったことを認めながら、「中国と日本の文学がそれほど違っているのは当然であって、それは中国語と日本語が全く異質の国語だからである」（傍点引用者）と、端的に言語そのものの違いについて述べ、その違いを具体的に数々の例を挙げながら論証した末に、最後の一節が次のように終わっているのは象徴的である。

……確かに、世界の近代詩人の中で一茶《いっさ》のように多くのことを僅かな言葉数で表現することに成功したものはいない。それは彼の最後に生き残った子供の死に際して一茶が作った句で、彼の友達がその時集まってこの世に生きることの果敢《はか》なさとか、西方《さいほう》浄土で得ら

れる永生とか、こういう場合に誰もが言うことで彼を慰めにかかったことは我々にも想像出来る。その句、

露の世は露の世ながらさりながら

この一茶の句を、キーンは余計な説明を加えず、原文の呼吸をそのまま移すように、

The world of dew
Is a world of dew and yet,
And yet.

と、「僅かな言葉数」の英語で詠んでいる。

では、キーンが魅せられた日本語の機能、およびその働きとは具体的に何を指していたのか。いまさらドナルド・キーンに指摘されるまでもなく日本人なら誰でも承知していると思われていた掛詞《かけことば》について、「序章」は、まず次のように書く。

日本語の音の種類が限られている結果、同じ音で意味が違う言葉が多くなるのは避けら

れないことで、それで無数の言葉がそのうちにそれとは全く関係がない他の言葉、或はそういう他の言葉の一部を含んでいる。例えば、「白浪」という言葉は日本人にさらに「知らぬ」とか、「涙」とかいう言葉を連想させ、こうしてその三つの意味が一つになって、そのような影像の結合が一つの詩をなし、というのは例えば、舟が白浪を蹴ってどこか未知の目的地に向って出て行き、恋人が乗っているその舟が水に残して行く跡を見ているうちに女が泣き崩れる、という風な情景が詩人の胸に浮ぶことは、容易に理解出来る。こういう形で言葉が幾らでも他の言葉と結び付くことから掛詞が発達したので、これは日本の詩歌に特有のものである。

さらに、「日本語に、似た音の言葉が多いことは、この方法を他の国語では見られないくらい、広い範囲に亘《わた》って用いることが出来るということでもある」として、「時には、詩人が一篇の詩の終りまで全く違った二組の影像を並行させて、少しも破綻《はたん》を来《きた》さずにいることもある」という例に、藤原定家の次の歌を引く。

消えわびぬうつろふ人の秋の色に身をこがらしの森の下露

ここには二通りの解釈が可能だとして、その一つは「自分は死にたくて、心変りしやすい相手にもう飽きられたのが辛くて自分は森に降りた露も同様に弱っている」であり、一つは「風が吹き荒《すさ》ぶ森の露は秋の色が変るのとともに消えてゆく」であると説いたあとで、キーンは次のように書いた。

……この何《いず》れの解釈も完全なものではなくて、それは詩人の精神のうちで言葉は絶えずこういう二組の影像の間を往復し、そのために、秋風に吹かれてたちまち消えてしまいそうな露は、恋人に捨てられて、自分が何故まだ生きているのか解らない女と一つになっているからである。露は単に女の状態を語るのに（また、女が流す涙を暗示するのに）比喩的に用いられているのではなくて、それは自然現象としての露でもあり、詩人はこの歌でその両方に表現を与え、いわば、何れもそれだけで完全でありながら、互いに離れられるものではなくなっている二つの同心円を、言葉の上で描くことに成功している。

ヨーロッパの言語ではあり得ないこういう離れ業が出来る日本語の機能に、キーンは、まず魅せられた。さらに、さきほどの一茶の句の「僅かな言葉数で表現する」というのを受けて、「日本の詩のきわめて顕著な特色で批評家に高く評価されているのは、その暗示的な効果で、日本の優れた詩、殊に俳句は読者によって完成されなければならないものになっている」として、「日本の詩」の章で芭蕉の、

雲の峰いくつ崩れて月の山

を引き、「日本の詩人が求めたのは、僅かな言葉数、というのは、大概は一つか二つの非常に明確な影像で、後は読者が自分で補わなければならない一つの作品の輪郭を表すことだったのであり、それは日本の絵では幾筆かで一つの世界全体を暗示するのが目的であるのと同じである」と、日本の絵画を引き合いに出してその本質を摑ませる。

さらに後段で、「俳句は非常に短い詩形式であるにも拘らず、必ず二つの要素を含んでいなければならなくて、それが切字《きれじ》と呼ばれている言葉で普通は分けてある」と説き、「その一つがその時の一般的な状態、例えば、秋の暮れであるとか、寺の境内の静寂とか、暗くなってゆく海とかで、もう一つがその瞬間の認識である場合もあり、要素そのものの性質にはいろいろあっても、俳句が有効であるためにはそういう電極に似たものが二つあって、その間で火花が散ることが要求されている」と続け、「これがなければ、俳句は単に短い文章に過ぎない」として、その例に俳句の形式を真似ながら俳句になっていない欧米の詩人の句を幾つか挙げている。

また、別のところで、やはり芭蕉が弟子たちに自分の詩風を支えている二つの原理は「流行」と「不易」であると言ったのを引いた後で、

古池や蛙《かはづ》飛びこむ水の音

という有名な句を挙げ、「芭蕉はこの詩でその不易の要素をなしている時間を超越して動かない池の水を出している。次の一節の蛙が瞬間的なもので、この二つが水の音という一点で交わっている。（中略）芭蕉の寄与は、それまでに何度も詩で用いられて来た蛙の鳴き声でなしに、その跳躍を詩に使ったことにあった」と述べる。

ここでさりげなく指摘している「その跳躍を詩に使ったこと」の新しさを、キーン（一九五三年）以前に指摘した学者はいたのだろうか。当然いたに違いないし、広く読まれている井本農一『芭蕉入門』（一九七七年）では、いつ誰が言い始めたとも限らない定説として語られている。一方、嵐山光三郎『芭蕉という修羅』（二〇一七年）は従来の「鳴く蛙」でなく「飛ぶ蛙」を詠んだ俳人は他にも三人いて、「芭蕉ひとりの手柄、ということにはならない」と書いている。しかし、この芭蕉の「古池や……」の句だけが常に人々の記憶に新たなのは、同じ「飛ぶ蛙」でも、それを子規も顔負けの「写生」の手法で詠んだ芭蕉の手柄と言っていいのではないか（正岡子規「古池の句の弁」、『子規全集　第五巻』）。ちなみに、この「流行」と「不易」もまた、二つの「電極」の間で「火花が散る」例であることは言うまでもない。

しかし何よりもキーンの着眼の鋭さを示しているのは、連歌だった。筆者を含めて多くの日本人は学校の授業を通じて、かつて日本に連歌というものがあったことを知っている。しかし、それが実際に何であったかということについて、しかも「一般の読者」に向けて、これほど手際よく、またイメージ鮮やかに説いた文章が、ほかにあっただろうか。事実、キーンの一文に感銘を受けて連歌の魅力に取りつかれた「一般の読者」は筆者の知る限り少なくとも二人いて、この本の翻訳を引き受けた吉田健一は「ドナルド・キイン氏の『日本の文学』にある水無瀬三吟百韻《みなせさんぎんひやくいん》の評釈で始めて連歌といふ詩形式を知つた。それ以前にも連歌のことは聞いたことがあつたがこれが詩が取り得る一つの形式であることには思ひ至らずにゐたのである」（『安東次男著作集　第三巻』付録・手帖Ⅳ「連歌」）と書き、また三島由紀夫の研究で広く知られる松本徹は「私はこの本で、連歌なるものを初めて知り、俳諧連歌に関心をもつようになった」（「季刊文科」二〇一九年・夏季号）とキーンの追悼文に書いている。

さて、その連歌。キーンは宗祇《そうぎ》の『水無瀬三吟百韻』を例に引いて、次のように説く。

雪ながら山もとかすむ夕《ゆふべ》かな　　宗祇
　行く水遠く梅にほふ里　　肖柏《しようはく》
川風に一むら柳春見えて　　宗長《そうちよう》
　舟さす音もしるきあけがた　　宗祇

この『水無瀬《みなせ》三吟《さんぎん》百韻《ひゃくいん》』はいかにも自由に作られたという感じがするので、連歌の規則が守られていないのではないかと思うものがあるかも知れないが、どの句も注意して読めば、その規則を少しも破っていないことが解る。発句は季節が、まだ冬の雪に蔽《おお》われている山にようやく霞がかかるようになった早春であることを我々に告げて、さらにその場所はこの発句が後鳥羽院《ごとばいん》（一一八〇－一二三九）の御製《ぎょせい》、

見わたせば山もと霞む水無瀬川ゆふべは秋となに思ひけむ

に掛けてあることで水無瀬であることが明らかにされている。そして時は夕方であるから、こうして規則通りに、季節と時と場所が示されていることになる。また、第二句は春の花である梅を出すことで発句の早春の趣向を受け継いでこれを補い、さらに水が流れるのに触れることでやはり水無瀬川を歌った別な歌を連想させて、場所が水無瀬であることを一層はっきりさせている。第三句は規則に従って三度目に春のことを言い、また、水の趣向を立てるのを続けて、第四句は春のことから離れるが、水の趣向を繰り返して、同時に、第四句は滑かでなければならないという約束を守っている。（中略）要するに、そういう面倒な規則に一々従っているにも拘らず、ここに一篇の見事な詩が出来ているということが大事なのである。これは一つの句を次の句に結び付けているもの以外には統一がな

い作品であって、私が知っている限りでは、欧米の詩にその意味で類例がないものであり、どの句もその前の句と後のに繋がっていても、例えば、第一句では時が夕方であるのに対して第四句では明け方のことが歌われ、初めの三句では季節が春なのに、もっと先の第六句では秋が終りに近づいている。（傍点引用者）

長々と引用したのは、ここにキーンが日本語および日本文学に魅せられた理由が凝縮されているからで、たとえば「一つの句を次の句に結び付けているもの以外には統一がない」という連歌の特徴を踏まえ、キーンは日本語の文章の構造そのものについて、次のように指摘する。

……それが一般に詩と見做されている各種の形式の堅固な構造を欠いていたことは、詩でも、散文でも、構造が弱点になっている日本人にとっては都合がよくて、この形式によって日本人はその抒情を短歌や俳句の狭い範囲に限らずに、また無軌道にもならずに展開させることが出来た。つまり、どの句も次の句に緊密に繫り、詩が高度に暗示的な性格を失わないでいさえすれば、作品の構造を念入りに工夫したり、一つの主題をその結末まで発展させたりする必要はなかったのである。（傍点引用者）

これが連歌のみならず日記文学や紀行、小説など日本の散文の特徴でもあることをキーンは指摘し、その一つの例として、「欧米の影響を受けた日本文学」の章で谷崎潤一郎の『細雪』に触れている。

日本語および日本文学にキーンが魅せられた例を、あと二つだけ引く。それは「日本の劇」の章で語られている能であり、人形浄瑠璃である。能の文句も、「日本の詩の通例に従って七音節と五音節が交代する形式で書かれているが、能ではそれが他の日本の文学には見られない至高の域に達している」として、キーンは次のように書く。

……それは或る意味では俳句という、およそ短い形式の詩を拡大したもので、能も或る劇的に最も緊張した瞬間だけを描いて、後は観衆、或は読者の想像に任せるという方法を取っている。またこの点でも俳句と同様に、能も二つの要素から出来ていて、シテが前段で舞い終って退場し、再び後段に登場するまでの間が俳句の切字に相当し、二つの要素を結ぶものについては観衆の方で頭を働かさなければならない。

さらに、人形浄瑠璃については「前に能がなかったならば、浄瑠璃の出現は考えられない」として、「仮面の伝統があったことは観衆に人形の無表情な顔を受け入れやすくし、能で地謡がシテに代って歌うのが、そのまま人形芝居で太夫《たゆう》が人間に代って語るのに受け継がれた」と続け、詩人で日本駐在フランス大使でもあったポール・クローデルの次の言葉を引用する。

俳優はいかに才能があるものでも、彼が勤めている役に或る異質な、何か或る下らない要素を加えることで我々の邪魔をし、彼は変装している彼であることを止めない。そこへゆくと、人形には作品がそれに与える生命しかなくて、芝居が始まって人形は息をし始める。それは我々が一つの影に、その影がしたことを一つ一つ話して聞かせることでこれに生命を吹き込み、こうして初めは或る記憶に過ぎなかったものが次第に一つの存在になってゆくようなものである。それは台詞を言っている俳優ではなくて、舞台に立った言葉であり、この木で出来たものはそのために語られる言葉を体現する。……浄瑠璃は、能とは違った方法で同じ目的を達している。

これは、まさに近松自身が考えていたことだった。キーンによれば、近松は「何よりもまず、俳優が彼らに与えられた台詞を単に各自の特技を見せる口実と考えていたのに対して、そんな風に自分が書いたことを勝手に出来ない劇形式を求めたのであり、人形芝居の将来についての彼の見通しが、脚本を俳優よりも人形に演じさせた方がいいことを彼に確信させた」のだった。

すなわちキーンが惹かれたのは、連歌や俳句に見られる他の言語にはない日本語の特性であり、それが同時に謡曲を通して能の面に繋がり、さらにそれが浄瑠璃における太夫と人形の機能として復活する。こうした共通の特徴を摑むことで、キーンには日本の文学すべてが一つに繋がった。多くの日本の専門家にとって連歌は連歌、小説は小説、日記は日記、紀行は紀行、また能は能で、人形浄瑠璃は人形浄瑠璃であった時、キーンにとって、それはまさに日本語という言語の特性から生まれた多彩な変形に過ぎなかった。

先に引用した嶋中鵬二との対談に、こういう一節がある。

キーン　私の日本語になった最初の本は、中央公論社に断られたんです。(笑)

嶋中　吉田健一さんの訳された『日本の文学』ですね。でも、あれは中央公論社から出した『碧い眼の太郎冠者』よりあとですよ。

キーン　そうでしたか。私の記憶違いですか。

嶋中　私が編集長をやっている間、キーンさんの登場回数は非常に多くて、すぐに一冊分になっちゃった。それでいまも忘れませんが、全くの新人の本が初版八千部でした。そしてゆっくり売り切れたのです。たちまち売り切れれば、すぐ重版ですけれども(笑)。こうして出来た『碧い眼……』のあと、しばらくして『日本の文学』を出す話をお聞きしたのです。ところが私以外の編集者が「あれは欧米人のために書かれた日本文学入門の本だ

から、あまり売れないだろう」と。（笑）

嶋中が中央公論社から出版したキーンの初期作品に『碧い眼の太郎冠者』があり、『日本人の西洋発見』があり、『日本との出会い』がありながら、なぜ肝心の『日本の文学』だけが抜けていたのか、その理由がここでは語られている。そして、その「あまり売れないだろう」ということから話を進めて、キーンが「あとでわかったのですけれども、日本人は西洋人が日本の文化や文学をどう見、考えているかに、案外関心があるようなんですね」と言ったのに対して、嶋中は「そうじゃないですよ、キーンさん」と強く否定し、次のように続けている。

嶋中　……全く日本のことをご存じない方々に、キーンさんなどが説明されるわけですが、それじゃ一般の日本人がどれだけ日本文学を知っているかとなると、少しずつあらゆる時代のものを読んでいるとかいうことで、系統的に勉強はしていませんから、外国の学者によって整理整とんされた日本文学案内が読めたら、それは非常にしあわせなわけです。

嶋中が言っている「系統的に勉強はしていませんから」というのは、おそらく、ここで述べられている「一般の日本人」だけに限った話ではないと思われる。時代ごとに、あるいはジャンルごとに専門が細分化されている国文学者にとっても、事情はまったく同じことであったに違いない。キーンが京都留学中に、東京へ向かう七時間半の列車の中で、たまたま京都駅の売店で買って読み耽った二百ページ足らずの小西甚一『日本文学史』（弘文堂刊、アテネ新書、一九五三年）のような通史という考え方自体が日本では珍しかったし、その後に小西がまとめた『日本文藝史』全五巻を除けば今なお珍しいのである。

　しかも小西甚一の「文学史」において「系統的」が意味するものは、もっぱら日本人の文学に対する考え方、あるいはその形式の変遷であった時、キーンが、ひたすら日本語という「言語」の特徴だけに的を絞って「整理整とん」したのは卓見だったと言わざるを得ない。つまり、「緒言」にあったように、最初から「文学史」としての体裁を一切放棄したところにキーンの独自性があった。

　邦訳『日本の文学』の「解説」で三島由紀夫は、全篇の読みどころが「日本の詩」に集中していること、特にここでも触れた芭蕉の句の「的確な分析」や、水無瀬三吟の「丁寧な解説」にあるとして、次のように書く。

　……これらの部分は論理と直感とが相競って、単なる分析、単なる解説以上の、精神の潑《はっ》剌《らつ》たる運動の軌跡をえがいているが、それというのも、翻訳の可能と不可能との堺にあるものを探究し、それを人に伝えようとする実践的行為が裏付けになっているからである。

われわれは、わが古典に接するに当って、こうした実践の緊張を持たないことから、生ぬるい鑑賞に堕しがちなのだ。（傍点引用者）

この後、三島はキーンの「電極」と「火花」の例を引いて、「この二つの電極は、二つの国語であっても同じことなのである」（傍点引用者）とキーンの「実践的行為」を称揚している。その「二つの国語」の電極の間で火花が散るさまを、原文から二句だけ引いておく。

閑《しづか》さや岩にしみ入蟬《いるせみ》の声

Such stillness—
The cries of the cicadas
Sink into the rocks.

海くれて鷗《かも》のこゑほのかに白し

The sea darkens,
The cries of the seagulls

Are faintly white.

4

「珍しい存在」ないしは「嫌な存在」であることは、幸いにもドナルド・キーンの作品自体には一切影響を与えなかった。ここで取り上げた初期の三作が書かれたのは、日本留学前であるから、もとよりその影響の付け入る隙はない。しかしこれは、その後に書かれたキーンの作品すべてについて言えることで、『日本文学史』『百代の過客』、そして『明治天皇』から『石川啄木』に至る評伝にも、この二つの「存在」が入り込む余地はなかった。ましてや翻訳、たとえば訳しながら自分の作品を書き下ろしているようだったという『徒然草』(*Essays in Idleness*)、能楽集(*Twenty Plays of the Nō Theatre*)、近松の浄瑠璃作品集(*Major Plays of Chikamatsu*)、芭蕉の紀行文(*The Narrow Road to Oku*)、太宰治や三島由紀夫、安部公房の翻訳作品に至っては、そのかけらすらない。これは考えてみれば当然のことで、まさにキーンは、こうした自分の「勉強」の場を確保するために、ひたすら「珍しい存在」であり「嫌な存在」であることの孤独に耐えて来たのだった。

すなわちドナルド・キーンが知りたければ、その作品と直に向き合うほかない。某東大教授が「すべて、翻訳でお読みになったのでしょうね」という愚問を発したのは、明らかに

『日本文学史』を読んでいなかったからだった。そこでどんな作品がどのように取り上げられているかを具体的に知ってさえいれば、まさかこうした愚問が出るはずはなかった。繰り返すが、キーンは誤解されようが陰口をたたかれようが、一切意に介さなかった人である。それほどまでして「勉強」の場を作ることに執着したのであれば、その「勉強」の場にこそドナルド・キーンはいるはずである。

たとえば、キーンは余生を優雅に安楽に暮らそうという気は、みじんもなかった。八十四歳の時に書いた『自伝』にその象徴的な一節があって、それは「椰子《ヤシ》の木陰に坐って海を眺めながら、片手にラムの一杯がある——なんてことを、私はこれっぽっちもしたいとは思わない」というのである。一生「勉強」に費やして原稿を書くことが、キーンの念願だった。依頼に任せて好きな講演に飛び回り、余生に向けて備えることを心掛けたのは、それこそ死ぬまで「勉強」の出来る環境を維持したかったからだった。好きな研究に明け暮れ、時にオペラや芝居に出かけ、友人を招いては手料理でもてなす。とにかく「勉強」が趣味のような人で、原稿を書くことがまったく苦にならなかった。九十六歳で亡くなる間際まで事実そうであったことは、キーン八十九歳の時に思いがけず養子となり晩年を共に暮らした息子の誠《せい》己《き》（浄瑠璃三味線奏者・鶴澤浅造《つるさわあさぞう》）の証言がある。

いつだったか、キーンから吉田健一が英語で書いた原稿を集めた*Japan Is a Circle*というロンドンの出版社から出た本（一九七五年）をもらったことがある。表紙の見開きには、ペン書きで「奇院先生　健一」という懐かしい吉田健一のサインが入っていた。たまたまその場に居合わせた徳岡孝夫は、その短い序文を読むなり、「いやあ、シックですなあ」と、かなり大きな声でつぶやいた。それは、こういう文章だった。

The publishers have had the kindness to put together for me the contents of this book ; most of them written at such a distance from the present time that I hardly have a recollection, often none at all, of what they were all about. The publishers assure me, however, that they are more or less readable. I fervently hope they are.

（出版元は親切にも、この本に収録した文章を私のために集めてくれた。その多くは随分昔に書かれたもので、何について書いたのかほとんど覚えていないし、まったく忘れているものもある。しかし出版元によれば、ともかく読めるものなのだそうで、出来れば私もそうであって欲しいと思う。）

徳岡のつぶやきを受けて、キーンは「これも、なかなかシックでしょう？」と笑いながら、カバーの見返しに載っている吉田健一の写真を見せた。なんと右斜め後ろから撮影した顔写真で、暗い光線の中でかろうじて横顔の輪郭を捉えている。たしかに洒落た角度から捉えた、いかにも吉田健一らしい肖像だった。

よい機会だと思い、キーンが好きな自分の顔写真について尋ねてみた。すると幾分恥じらいながら、書棚から講談社インターナショナル刊行の自伝、*On Familiar Terms*（『このひとすじにつながりて』の英語版、原題は「親しい間柄について」）を出してきて、これです、と表紙カバーに載っている写真を見せた。吉田健一と違って、堂々と左斜めから撮られた、まさに肖像というにふさわしい写真だった。しかし、ふだん見慣れている日本で撮影された気さくな笑顔でなく、幾分下に向けられた視線は、ひたすら何かを見つめている。いかにも学者然として、地味な渋い印象がにじみ出ている顔だった。そうか、ドナルド・キーンにとっては、これが「自分の顔」なのかと、その時意外に思ったことを覚えている。

これが「自分の顔」と密かに思いつめている顔——これはキーンに限った話でなく、誰しもそうした「自分の顔」を持っているに違いない。その顔は、いかにもキーンが書いた作品に見合った学者の「素顔」だった。なぜドナルド・キーンは、日本人向けに愛想笑いなどせず、この顔で押し通さなかったのだろう。そうすれば、「珍しい存在」であることからも「嫌な存在」であることからも自由であり得たかもしれない。いや、書かれた作品と同様に、最初からこの二つの「存在」の付け入る隙などなかったのではないか。

キーンにしてみれば、出来ればそうしたかったに違いない。しかし、当時の周囲の事情がそれを許さなかった。この稿の最初に示したように、外国人日本文学研究家ドナルド・キーンは、本人の好むと好まざるとに拘わらず、日本で極めて特異な立場に置かれた「特権的存在」だったのだから――。
それにしても、処女作『日本の文学』を書いたドナルド・キーンは、誰もが認める『万葉集』ほか『枕草子』『徒然草』『方丈記』その他の傑作群を排してまで、なぜ、あれほど「連歌」にこだわったのだろう。たとえば、次に引くのは『自伝』の「あとがき」の一節。

> ……連載が終わってみると、後悔の念に駆られた。（中略）私の人生で重要な役割を演じて私の自叙伝に登場して然るべき多くの人々に言及しなかったことが悔やまれてならなかった。彼らは、連載に登場した人々ほどに自分が重要に思われていなかったのだろうかと疑ったり、すでに亡くなっていたとしたら、その家族が同じような思いを抱くかもしれない。私に答えられるのは次のことだけで、いざ「クロニクル」を書き始めてみたら、自分が書こうとしているのは、次から次へと「鎖」のようにつながっている一連の体験だということに気づいたのだった。いくら親しくても、別の「鎖」にいる友人は登場しようがなかった。これとまったく違った顔ぶれで自叙伝を書くことも、私には難なく出来たはずである。（傍点引用者）

次から次へと「鎖」のようにつながっている一連の体験――これは、まさに「連歌」の呼吸ではないか。すなわち、「日本の詩」で語られた「一つの句を次の句に結び付けているもの以外には統一がない」人間の半生である。キーンが何を差し置いても「連歌」について書きたかったのは、そこに日本語の特性を見ると同時に、自分の生き方に通じるものを見たからではないか。

ドナルド・キーンは、学生時代に象徴される「学費に窮した」状況を、常に連歌の呼吸を繋ぐ要領で乗り切って来た。同じく「日本の詩」に出て来る「どの句も次の句に緊密に繋り、詩が高度に暗示的な性格を失わないでいさえすれば、作品の構造を念入りに工夫したり、一つの主題をその結末まで発展させたりする必要はなかった」という連歌の特徴は、まさにドナルド・キーンの生き方そのままだった。

日本で「珍しい存在」として持て囃されるか、「嫌な存在」として無視されるか、そのどちらかの道しかなかったキーンは、「勉強」に専念出来る場を確保するために、そのつど難しい条件を一つ一つ克服しながら、それを乗り切って自分の半生を繋いで来た。周囲の思惑を一切無視し、ひたすら連歌の呼吸で毎日を繋いで行くこと――これこそ、ドナルド・キーンの生きる秘訣だったのだ。

今こそ、「珍しい存在」と「嫌な存在」という俗世間の塵を払い、眼を洗って、連歌の呼吸で生きて来たキーンの作品そのもの、その初々しい息吹に触れる時ではないだろうか。

第二部　日本文学者の原点

十七歳の「フローベール論」

1

ドナルド・キーン生誕百年を記念して、二〇二二年五月二十八日から七月二十四日まで神奈川近代文学館で開催された「ドナルド・キーン展――日本文化へのひとすじの道」に、キーンがコロンビア大学在学中に書いた英文タイプの論文が初公開された。表題は*Flaubert's Symbolism*「フローベールの象徴主義」。

書かれた日付は一九三九年十二月五日とあるから、一九二二年生まれのキーンが十七歳の時の執筆である。ニューヨーク市立小学校から市立高校まで首席で通したキーンは、その間に二回飛び級して十六歳でピュリッツァー奨学金の特待生としてコロンビア大学に入学した。つまり、大学二年の授業の課題として提出された英文十九枚に及ぶこの論考は、通常の学齢でいけば高校三年生が書いたものということになる。指導教授のダヴェンポートは、このキーンの課題文にA / Excellentという最高の評点をつけている。

キーンの生前、この原稿を見せてもらったことのある筆者は、二〇一七年九月発行の「別冊太陽」ドナルド・キーン特集の百枚足らずの「小伝」の中で、次のように書いた。

象徴主義の明確な定義から始まり、『ボヴァリー夫人』などフローベールの作品の数々に見られる象徴性について語った英文原稿は、無駄なく簡潔な達意の文章で、すでに後年のキーンの文体の特徴が現れている。市立中学で学んで以来フランス語が大好きになったキーン少年は、このまま行けばフランス文学者になっていたかもしれなかった。

この時に受けた印象は、今度、あらためて全文を精読してみて、いささかも変わることはなかった。「無駄なく簡潔な達意の文章」という特徴は、すでに冒頭のパラグラフに如実に現われている。

ふつう「象徴主義」という用語から連想されるのは、かなり異様ではあっても美しい詩やドビュッシーが曲をつけた芝居で、これはある意味で正しいが、「象徴主義」の範囲はそれより遥かに広い。ギュスターヴ・フローベールの作品には象徴的表現が溢れていて、そこにはヴェルレーヌやマラルメ風のものもあれば、もっと単純な、たとえば古代から文学でお馴染みの王冠は王の象徴、旗は国の象徴、といった類のものもある。こうした象徴的表現の二つの側面を考慮に入れ、フローベールの作品におけるその重要性を示したいと思う。

わずか三つのセンテンスで、自分がこれからどういう話をしたいか、実に端的に書かれていて、すぐさま書き手の世界に入っていける導入部である。後年、キーンに数々の英文原稿を依頼したニューヨーク・タイムズその他の編集者たちは、もらったばかりの原稿をキーンの眼の前で読み、そのたびに、実にわかりやすく書いてありますね、と言ったそうである。そして、そのたびにキーンは、「わたしは、こういう風にしか書けないんです」と答えたそうである。これは、ドナルド・キーンの精神の骨格そのものが簡潔で無駄がないということでなければならない。キーンは十七歳にして、すでにドナルド・キーンだった。

2

ここで取り上げられたフローベールの作品は、長篇『ボヴァリー夫人』『サラムボー』『感情教育』『聖アントワーヌの誘惑』、そして短篇集『三つの物語』(「まごころ」「聖ジュリアン伝」「ヘロディアス」)の計七篇である。いずれもフローベールの代表作とみなされている作品ばかりで、しかしここでは、キーンが晩年の一連の評伝で得意とした作品に伝記的事実をまじえて語る手法は、一切用いられていない。たとえばフローベール好きなら誰でも知っている逸話——二十八歳の時に書いた『聖アントワーヌの誘惑』の初稿を二人の信頼すべき友人、マキシム・デュ・カンとルイ・ブーイエの前で朗読したら「火にくべてしまえ」と宣告され、「もっと平凡な主題を選ぶことだ」と助言を受け、それからしばらくして、田舎町で起きたドラマール事件を題材にして『ボヴァリー夫人』の執筆に取り掛かった、といった類の話である。

当時、フローベールに関わる文献にほとんど目を通していたというキーンは、書こうと思えば、この種の話題には事欠かなかったはずで、「ボヴァリー夫人は、わたしだ」という有名な言葉もその中に入る。しかし若きキーンの思考は、見事なほどに論考のテーマである各テキストの「象徴性」に集中されている。「知っているからと言って、なんでもかんでも書くものではありません」と笑いながら言っていた後年のキーンの手法は、すでに十七歳のこの論考に明確に現れている。言ってみれば若き日のキーンは、「象徴性」というテーマに基づいて、あたかも数々の「誘惑」を斥けた「聖アントワーヌ」のごとく脇目もふらずに自分の文章を進めて行く。

表題に symbolism とある以上、全篇にわたって、しかも同じページの中に symbol, symbolic, symbolically, ...is symbolized といった言い回しが繰り返し出て来るのは当然のことかもしれない。なにより、そうした率直な書き方にキーンの若さが感じられる。後年のキーンであれば、いくらテーマを「象徴性」に絞ったとしても、同じページの中で同じ言葉の繰り返しは極力避けたはずだからである。

一方で、同時に若いキーンがsymbolその他の関連する言葉を使わず、見事にその目的を果たしている一節を書いていることに注目したい。たとえば、『ボヴァリー夫人』と『サラムボー』を比較し、キーンは次のように書く。

『ボヴァリー夫人』の色調を灰色だとすれば、『サラムボー』のページから輝き出してくるのは赤である。到るところにオリエントの華麗な輝きが満ちていて、それは仰々しいほどの赤であり、あるいは赤の色調に彩られた戦闘の喧騒である。

感覚的に色を使って「象徴性」を伝えようとしているところが、いかにも若々しいし、頭の中に一幅の絵が浮かぶようである。あるいは、『サラムボー』全篇にわたって登場する血なまぐさい戦闘場面を評した次の一節。

望遠鏡をさかさまにして見ると、さまざまな戦闘や残虐行為が互いに消えて溶け合って、その色調と印象だけが残る。

無意識のうちに自分の文章の中にこういう形で「象徴主義」を取り入れているところは、若いながら、さすがと言わなければならない。つまり、この論考の冒頭でキーンが明確に示しているように、象徴主義の形にはいろいろあるという指摘を敷衍すれば、もともと、それが「言葉」という象徴性に富んだ材料で書かれている以上、少しでも気の利いた文章を書くことを心掛けるならば、そこに自ずと「象徴性」が姿を現わすということを、十七歳のキーンはこの論考を書くことで自ずと会得したに違いない。

若さと言えば、感嘆符（！）の多用にも、その特徴が見られる。たとえば、『サラムボー』に触れた一節では、「フェニキアの都市ならびに帝国の、なんと完璧な描写であることか！」、また、『ボヴァリー夫人』に触れた一節では、「現実に挑むエンマの無駄な努力、そしてまったく無益な闘いすべての、なんとおぞましい象徴であることか！」という具合に使われている。感嘆符の使用など後年のキーンには考えられないことだが、これは逆に言えば若き日のキーンの、フローベールの文章に対するひたむきな情熱を示すものと言っていい。同時にこれらの感嘆符の使用は、それを読む者に、あたかも若い書き手と会話を交わしているような親しみを覚えさせるという意味でも、巧みな効果を挙げている。

最初に論じられている『ボヴァリー夫人』に割かれたページは、六枚と圧倒的に多い。その書き出しは、次の通りである。

3

一般にフローベールの最高傑作とみなされている『ボヴァリー夫人』は、彼の作品のすべてを特徴づけていると言っていい象徴的な性格に満ちている。その登場人物のそれぞれが象徴であり、出来事のそれぞれが象徴化されている。

キーンが、少なくとも「象徴性」という意味で『ボヴァリー夫人』をフローベールの作品全体の典型と見ていたことは、まず間違いない。続けて「この本全体の調子は、まさにシャルルの帽子について記述された最初の数行を読めば明らかである」として、誰もが引用する小説の冒頭部分に出て来る少年シャルル・ボヴァリーの帽子の「象徴性」に触れる。

小説本文から、その帽子は「その無言の醜さに、まぬけ面《づら》の深刻な表情を湛えた世にも哀れな代物だった」という一節を引用し、キーンは「初めて医者を開業したトストでのシャルルの生活のすべてと同様に、彼の無能、黙々とした忍耐、そして愚鈍さが、この強烈な象徴に要約されている」と書く。
あるいは、ボヴァリー夫人であるエンマにとって「こうして、またぞろ変哲のない日々の連続が始まった。（中略）その日その日がいつも同じように数限りなく、何物ももたらさず、こうして次々と続いて行くのか」と思われたトストの生活から、エンマのためを思ってヨンヴィル・ラベイへ「転地」するとシャルルが決めた時の一節を引用した後、キーンは次のように指摘する。

エンマが火に投じた結婚式の花束は、二人の単調な日々を終わらせる彼女の願望の象徴だった。肝心なのは、エンマが妊娠していたことである。これまでに増して二人を結びつける夫と妻の最大の親密さを示すこの妊娠の事実は、トストでの生活の所産であり、ヨンヴィルでは起こり得ないことであるはずだった。

しかし、フローベールの作品に見られる「象徴」の指摘の数々を、キーンの意図に沿って次々と紹介して行くことが拙稿の趣旨ではない。なぜなら、文章がその意図から自在にはみ出して行くところに、すでにキーンの特徴が見られるからで、それは晩年に到るまで一貫して変わらないドナルド・キーンの文体である。
たとえば、「いかにも愚鈍なシャルルにぴったりの小さな町として設定されたトストとは対照的に、ヨンヴィルにはあらゆる人間が満ちていて、その一人一人がフローベールの辛辣な言葉で象徴されている」とキーンは書き、しかし、続く一節では「象徴」ということを常に念頭に置きながらも、むしろ登場人物たちそのもの、たとえば薬剤師オメー、そこの下宿人である公証人書記のレオン、若い田舎地主のロドルフ、小間物屋ルールー、収税吏ビネー、等々が、それぞれの形をして生き生きと動き出す。

中でも、医者の真似事までして裁判にかけられたこともある薬剤師オメーについて、「フローベールが産み出した最も偉大な人物の一人」と、キーンは最大級の讃辞を贈っている。いつもトルコ帽をかぶった薬剤師オメーは、キーンによれば「ソクラテスを神と仰ぎ、科学と啓蒙の人であるフランクリンを敬うヴォルテール主義者で、一方では、勃興しつつあるブルジョア階級である市民と折り合いをつける良識も持ち合わせている」哲学者であり、また進歩主義者である。

まるで薬剤師オメーが、この「地方風俗」と副題のついた小説の主人公であるかのような打ち込みようである。そういえば、ジャン・ルノワールが一九三三年に制作した映画『ボヴァリー夫人』では、芸達者で有名なマックス・デアリーを起用したせいか、キャストの一番上にオメーが出て来る。あるいはルノワールは、オメーを主役とみなしていたかもしれない。そしてフローベールのことなら何でも眼を通していたという若きキーンは、すでにこの映画を観ていたのだろうか。

一方で、フローベールの憎悪の対象となっている無理解な教会を象徴する司祭のブールニジアンは、心の苦しみを打ち明けようとするエンマ・ボヴァリーに向かって、「わたしは思うんだが、人間というものは、よく暖まって、たらふく食べさえしたら……」と応え、キーンは、これでは「エンマの悩みの解決にはならないし、エンマは腹が減っているのでも、寒さに凍えているわけでもなかった」と書く。

また、オメーの薬局の向かいにある旅人宿「金獅子」の食堂に、いつも決まった時間に入って来る収税吏のビネーについては、「六時が鳴った。ビネーが入って来た。」という一節を引用し、「彼については、これ以上、何も言うことはない」と、いかにもキーンらしく簡潔に切り捨てている。

後年、『明治天皇』で味をしめて評伝の魅力に取りつかれたキーンは、足利義政、渡辺崋山、正岡子規、石川啄木と、立て続けに評伝を発表した。キーンは、何よりも人間そのものに興味があった。たとえば啄木について、「あまり友達になりたいとは思いませんが、実におもしろい人物です」と眼を輝かせて語るキーンの言葉は、何よりもそのことを物語っている。一時期日本で流行したフランスの現代哲学や批評理論に、なぜかキーンは目もくれなかった。理由を聞くと、あの聡明なキーンが笑いながら、「わたしは理論が苦手で、実は、そのおもしろさがよくわからないんです」と正直に告白したものだった。この十七歳の論考でも、人物の「象徴性」という性格を含め、ひたすら人間そのものに興味を寄せるキーンの嗜好は全篇に漲《みなぎ》っている。

一方でキーンは、情事の相手であるロドルフがエンマについて語る時のフランス語の代名詞（elle, on, ça, cela, ce, 等々）の変化に注目し、「彼女」が「あの女」になり、さらに「あんな女」から「あいつ」となって、最後は非人格的な「あれ」になることで、二人の情事が終わったことがわかる、と指摘する。さりげなく、こういう一節をはさむところなど、いかにも複数の言語に堪能だった十七歳のキーンの軽快さが感じられる。

4

若きキーンは、作品相互の関係にも目配りを怠らない。エンマの「爆発寸前の荒々しい想像力の炎」と「トスト、ヨンヴィル、そしてもちろん、シャルルの重苦しい現実」との対照を、『聖アントワーヌの誘惑』に登場するキメラとスフィンクスになぞらえ、スフィンクスの「現実と理性の重苦しい力」は、常にキメラの「想像力をつぶすはめになる」と述べている。

また、サラムボーとボヴァリー夫人の共通点に触れた一節では、「この二人は、最初に受けた印象から想像するほど違った人間ではない。二人はボヴァリズムと呼ばれる哲学、すなわち『自分がなり得ないものになりたがる』という共通の欲求によって結ばれている。多神教の神に愛されたいと願うサラムボーの望みは叶えられず、ボヴァリー夫人のロマンチックな願望は、サラムボーをも支配していた圧倒的な運命によって果たされない」と、二人の女主人公の性格の核心を衝く。

あるいは若いキーンが一番自分自身を重ね合わせているのは、自分と同世代の主人公フレデリック・モローが登場する『感情教育』かもしれない。前作のカルタゴを舞台にした『サラムボー』を受けて、「カルタゴからセーヌ川の岸辺へは橋が架けられないくらいの隔たりがあるように見えるが、ここでも我々をそこへ導いていくのは運命である」と書き、「セーヌの流れはフレデリックの全人生の象徴であり、彼が船上から眺める景色は実際の彼の人生そのものである」と指摘する。

キーンは、フレデリックに影響を与えた三人の女に触れ、「いずれも、男が女に求める何かを象徴している」として、三人の女を次のように書き分ける。最初に船上で出会ったアルヌー夫人は「最大の愛の対象で、純粋な美の象徴である。どんな情熱がフレデリックを導こうが、彼女は到達できないままの存在」である。二番目のロザネットは、複数の男の情人として暮らしを立てていて、この女はキーンによれば「天性の動物で、自然そのものの象徴」である。そして三番目の女、実業家で銀行家でもある男の妻ダンブルーズ夫人は、洗練された社交界の花で、「彼女を愛人にしたらどんなにいいだろう」と、フレデリックは密かに思いを寄せる。

小説後半でロザネットは、フレデリックの子供を宿す。生まれた赤ん坊は「なんだか黄色っぽく赤いもの、皺だらけで、いやな臭いがして、ぎゃあぎゃあ泣いていた」と小説から引用した後、赤ん坊がその醜い姿のまま死んだとキーンは指摘し、続けて次のように書いている。

これはフレデリックの人生の報いで、まったく役立たずの彼の人生の失敗を象徴している。情婦であるロザネットがフレデリックの子供の母親であるところが重要で、そうしようと思えば彼は素晴らしい結婚も出来たし、その意志さえあれば愛人を抱える結構な生活を送ることも出来たはずだった。しかし、彼にはそれが出来なかった。彼の無力で決断力に欠ける性格は、彼がどんな才能を持っていたにせよ、それを無駄にすることになった。フレデリックは、世間で成功したどの友人とも同じだけの才能に恵まれていたが、意志がないために何も達成することが出来なかった。この本の冒頭の一節が象徴しているように、フレデリックはセーヌ川を下るように人生を漂い、その岸辺の風景をひたすら夢見ることを選んだのだった。

キーンが書いたこの一節は、いかにも象徴的である。事実、ドナルド・キーンはフレデリック・モローとは正反対の人間だった。才能を無駄にすることほど、キーンが嫌っていたことはない。それを踏まえて筆者は、かつてキーンの小伝に「その対象が人間であれ学問であれ、授業であれ著作であれ、また英国ないしは日本への留学であれ、そこに自分と響き合うものを感じた途端にキーンは迷うことなく常に即断即決、突き動かされるようにして次の行動へと踏み切っている」と書いた。すでに十七歳にしてキーンは、自分がフレデリック・モローでないことを痛切に意識していたようである。

5

『感情教育』の後、フローベールは、初稿から書き直した三度目の原稿『聖アントワーヌの誘惑』を発表する。若きキーンによれば、これは「フローベールの最も哲学的、かつ最も象徴的な作品」である。「この本の冒頭、陽が沈み、夜のとばりが降りようとしている。松明の灯りは、今まさにアントワーヌがひたっている半ば意識が薄れた状態を象徴している」と書き起こし、次のように続ける。

アントワーヌは、自分の欲望のすべてについて考える一方で、かつての清浄な精神に自分を引き戻そうと試みている。彼の言葉のそれぞれが、七つの大罪を暗示しているようである。砂漠の彼方から来る七つの声を聞き、それぞれの声はそれが象徴する致命的な悪徳を物語っていた。アントワーヌにとって、救いはないように見える。手元にある『使徒行伝』に救いを求めると、そこに出て来るのは虐殺であり、金銀財宝であり、肉欲への誘いだった。そのすべてが自然で、むしろ望ましいものと見なされている。松明の灯りの中に見える十字架の影の両翼が伸びて、悪魔の角の形に姿を変える。アントワーヌは、彼の意識の象徴である松明の火を消す。

小説本文を要約したこの的確な前置きに続いて、キーンはアントワーヌの夢想の数々について語り始める。すなわちアントワーヌを襲った七つの大罪――怠惰、貪欲、暴飲暴食、怒り、傲慢、嫉妬、そして肉欲である。

本文からの引用は短く適切で、たとえば「貪欲」では、「この宝石があれば、皇帝の妃でも我がものに出来る！」「なぜ、捨てる必要がある？　全部持っていよう、誰にも言わずに。岩の中に部屋を掘って、黄金の山に踵が埋まる感触を楽しむのだ。その上に、寝転んでみたい！」という一節。

また、「怒り」を象徴するアレクサンドリアでのアリウス派の人々の殺戮では、「アントワーヌは、膝まで血の池に浸っている。その中を、なんとか歩いて行く。唇にかかった血のしずくを啜り、血の沁み込んだ毛織物の衣服の下の手足の感触に喜び震える」という一節。

そしてシバの女王が象徴する「肉欲」で引用されたのは、「わたしの身体のごく一部でも、自分のものにしてごらん。帝国を一つ征服するより、もっと激しい喜びで満たされることになる。さあ、あなたの唇を出して！　わたしの髪の毛に埋まって我を忘れ、わたしの乳房を啜り、わたしの手足の感触にしびれるの。わたしの瞳に焼かれ、わたしの腕に抱かれて、めくるめく思いをすればいい」という一節だった。

十七歳のキーンは、かなり大人びていたかもしれない。ここに引いた「貪欲」や「肉欲」の引用のみならず、すでに触れたように『ボヴァリー夫人』では、直接の主人公でもない薬剤師オメーをフローベールが産み出した最も偉大な人物の一人と見抜き、事実、この小説はエンマが死に、シャルルが死に、オメーが「近頃、名誉勲章をもらった」という一行で終わっている。また、『サラムボー』の主人公にボヴァリズムの性格を認め、『感情教育』で主人公フレデリックという人物を描き出すにあたって、フローベールが配した三人の女を見事に描き分けたところなど大人顔負けではないか。

アントワーヌが十字を切って「肉欲」の夢想から覚めるように、キーンもまた、アントワーヌの弟子イラリオンの話に移る。若きキーンの関心は、これまでのどの人物にも増して、イラリオンという不可思議な対象に注がれる。

イラリオンは「疑惑の化身」である、とキーンは言う。この作品を通じて、イラリオンはアントワーヌの禁欲的な生活や、聖書の正確さについての疑惑を次々と膨らませる「象徴」の役割を果たしている。現に、イラリオンの身体は、アントワーヌの抱く疑惑が大きくなれば、それに伴って自在に大きくなる。異教徒たちの数々の誘惑にひるむアントワーヌを、イラリオンは支え、彼を導く。異教徒たちが姿を消し、「誰もいなくなった」とつぶやくアントワーヌに、「わたしが、ここにいる」と応えるイラリオンは、のけぞるくらいに背が高くなっていて、大天使のごとく美しく、太陽のように光を放つ。「誰だ、おまえは?」というアントワーヌの問いに、「わたしは知識（Science）だ!」とイラリオンは答える。さらに、「おまえは悪魔を見たいか」と問うイラリオンに、アントワーヌは「よし、会いたい!」と応える。

ここで姿を現わした悪魔は、アントワーヌを乗せ、宇宙を遊泳する。「どうだ、地球は宇宙の中心ではあるまい」と悪魔。ここでキーンは、本文にないコペルニクスとケプラーの名前を出して悪魔の言葉を裏付ける。「宇宙すべての目的は、何なのだ?」と問うアントワーヌに、「目的などない!」と悪魔は答える。ここではスピノザの汎神論を持ち出し、やはり悪魔の言葉に納得する。

間一髪で悪魔の手から逃れ、地上に戻ったアントワーヌは、やがて動物と植物の区別がつかず、植物と石の区別がつかない世界に辿り着く。キーンによれば、これはフローベールとその同時代人が強い影響を受けたダーウィンの「進化論」の世界だった。

キーンは、「ついにアントワーヌは、小さな球状のようなかたまりに気づく。それは針の頭ほどの大きさで、体中を繊毛で覆われていた。それが震動によって動いているのだ」という結末近くの一節を引き、続けて「なんという幸福、なんと嬉しいことだ！　わたしは、生命が誕生する瞬間を見たのだ。その運動が始まる瞬間を。（中略）わたしは、あらゆる原子の中に入り、物質の奥底までくだり、物質そのものになってしまいたい！」と叫ぶアントワーヌのセリフを引く。

キーンによれば、この瞬間に太陽が昇るのは「意識が戻った象徴」で、アントワーヌは目覚める。アントワーヌは十字を切り、また祈り始める。「彼は疑惑と誘惑を打ち砕き、ふたたび神を受け入れる」とキーンは書く。

本書について、キーンは次のような結論を下している。


『聖アントワーヌの誘惑』は、誘惑の形で示された人間の知識（knowledge）のすべてを要約しているようである。それは「知識」というよりは「経験」と言った方がいいかもしれない。数多くの理論的素材はあっても、それは常に経験に基づいたものだからである。我々が『聖アントワーヌの誘惑』をどのような切り口で見ようとも、その広大で象徴的な内容は極めて印象的である。それぞれの出来事の象徴的な側面を知って読まないと、本書は、ただ支離滅裂のように見えて戸惑うだけである。しかし、それを知って読むならば、まさにフローベールの傑作『ボヴァリー夫人』と同等に扱われるだけの価値ある偉大な作品であることがわかるだろう。

6

最後に論考の対象となっている『三つの物語』について、キーンは、いずれも「フローベールの主要作品の一部を拡大してみせた趣がある」として、それぞれ次のように述べている。まず「まごころ」について――それは、『ボヴァリー夫人』の有名な「農業共進会」の場面に登場するカトリーヌ・ルルーの話に倣ったものだ、とキーンは言う。例のエンマとロドルフの逢引きと、家畜である動物たちの喧騒と、ブルジョワどもの喧騒とが並行して進行する「農業共進会」で、五十四年間の勤続を表彰され、銀牌と二十五フランをもらった老婆がカトリーヌ・ルルーである。キーンによれば、「まごころ」の主人公フェリシテは、数多くの目立たない平凡な人間の生涯を象徴していて、この作品を書くことで「フローベールはフェリシテを、ひいてはその階級に属するすべての人々を不滅のものとした」と書く。

「聖ジュリアン伝」は、キーンによれば、三作の中で一番独創的な作品だが『聖アントワーヌの誘惑』に似ていると言う。たとえば聖ジュリアンが「全身が醜悪なライ病に覆われている」男と出会った最後の場面。

ライ病の男はジュリアンを抱きしめ、その眼はたちまち星の光を放った。髪は日輪の放つ光線のごとく伸び、鼻腔から洩れるその息は薔薇の甘き香り。焚火からは薫香の烟が立ち昇り、川波は歌った。（中略）屋根は飛び去り、天空は開け、ジュリアンは自分を天に伴う我が主イエス・キリストと相対《あいたい》した形のまま青い空間へと昇って行く。

三番目の「ヘロディアス」は、カルタゴの時代よりも遥かに我々に親しい時代を扱っているにも拘わらず『サラムボー』と同質のものを持っている、とキーンは言う。そして、『聖アントワーヌの誘惑』はもとより、その個々の作品で示されたフローベールの「偉大な学識」に感嘆する。

「ヘロディアス」でサロメは、太守アンティパスに踊りを披露した褒美にヨカナンの首を所望する。「お皿に載せて、あの首を、あのヨカナンの首を」とサロメは言う。最後に三人の男が首を持ち去る際に、その一人が「心安んじよ、彼はキリストの出現を告げるため死者の国へ赴いたのだ！」と言うと、一人は「彼は栄え、我らは衰える」と応える。「首は、たいそう重かった。三人は、それを代わるがわるに運んだ」という結末の一行を引き、キーンは次のように書く。

この首は、太守が理解出来ないまま恐れるほどの偉大な存在だった。太守はヨカナンを罪人として長い間牢に閉じ込めておいたが、あえて殺せなかった。処刑人は、首を斬ることなど出来ないと思えるほどヨカナンに何か異様なものを感じた。その首は誰も気づいていなかったが、やがて到来し凱歌を挙げる新しい宗教の象徴だった。

十七歳の論考全体を、キーンは次のように締め括る。

フローベールの象徴主義は、彼の作品の到るところに顕著である。一つの言い回し、一つの単語に傾けられたフローベールの苦心――それに気づけば、その一語一語が意味を持ち、重要性を帯びて来る。かりに象徴的な意味を考慮に入れなくても、フローベールの全作品を読むことは可能である。しかし、それぞれの文の直接的な意味を越えて、そこに別の重要な意味が姿を現わす。（中略）それを、フローベールの象徴主義と呼ぶことが出来る。シャルル・ボヴァリーの帽子とセーヌ川の流れは、この象徴主義の二つの側面である。これらの象徴性がなければ、それが重要な部分を成しているフローベールの小説は大事な何かを欠くことになる。少なくとも、それは我々が今日知っている作品より遥かに劣ったものとなっていたに違いない。（中略）まさに、帽子がシャルルにとってそうであったように、象徴主義はフローベールの核心に触れていた。

7

この論考から十四年後の一九五三年、三十一歳のキーンは、博士論文と修士論文を除けば処女作と言っていい*Japanese Literature : An Introduction for Western Readers*（吉田健一訳『日本の文学』、一九六三年）を書くことになる。フローベールの作品における「象徴主義」に注目し、ひたすらその「象徴性」の視点からフローベールの作品を読み解いた十七歳のキーンが、初めて日本文学に出会った時、おそらく自分の眼を疑ったであろうことは想像に難くない。そこにあったのは誰それの象徴主義ではなくて、見渡す限り象徴主義一色の世界だった。たとえば俳句がわずか十七文字で一つの世界を完結させるには、言葉の「象徴性」なくして実現は不可能である。『日本の文学』で語られた芭蕉の句、あるいは定家の歌、宗祇の『水無瀬三吟百韻』、また能の「卒都婆小町」の「酔ひをすすむるさかづきは、漢月袖に静かなり…」に始まる一節や、近松の人形浄瑠璃は、いずれも言葉の「象徴性」なくして成り立たない世界だった。

フローベール論の最後にキーンが記したように、たしかに象徴主義は「フローベールの核心に触れていた」に違いない。しかし『日本の文学』を書いた時点でのキーンにとっては、日本文学そのものが象徴主義の定義にほかならなかった。フローベールの象徴主義に魅せられた若き日のキーンが、そのままフランス文学者にならずに日本文学者になってしまったのは、ごく自然の成り行きと言っていいのではないか。

この十七歳の「若書き」の原稿は、その意味で、まさに日本文学者ドナルド・キーンの出現を予見させるものだった。

キーンの論文「フローベールの象徴主義」の一部を訳出するにあたり、フローベール作品の引用については、キーンによる英訳を日本語に訳した。その際、筑摩書房版『フローベール全集』を適宜参照した。（筆者）

二十代の「告白」
——終戦直後に書かれた横山正克宛てキーン書簡を読む

1

一九五一年にロンドンで刊行されたドナルド・キーンの最初の著作である博士論文 *The Battles of Coxinga: Chikamatsu's Puppet Play, Its Background and Importance*（「国性爺合戦　近松の人形浄瑠璃、その背景と重要性」）は、序文に付されたキーンの手記によれば「自分が特に恩義を受けた三人の友人」に捧げられている。その三人とは、Kim Gwan Lie、Ryusaku Tsunoda、そして Masakatsu Yokoyama。

最初に掲げられている Kim Gwan Lie は、キーンが初めて漢字の手ほどきを受けたという『ドナルド・キーン自伝』（拙訳、中公文庫。以下『自伝』）に登場するコロンビア大学の同級生で親友の Lee とは明らかに別人である。Ryusaku Tsunoda は、もとよりキーンが唯一「センセイ」と呼んで崇敬していたコロンビア大学時代の恩師・角田柳作《つのだりゅうさく》。また、最後の横山正克《まさかつ》という人物については「青島《チンタオ》にいた時の友人」で実業家、のち京都に住み、キーンが京都大学大学院に留学した時、最初の寄宿先として一ヶ月ほど世話になったということ以外、『自伝』ではほとんど触れられていない。いったい Kim Gwan Lie とは何者なのか、そして、なぜ横山正克は、キーンから初めての著作を捧げられた三人のうちの一人だったのか——このことが、いつも頭にあった。

別件で調べることがあって、たまたま『昨日の戦地から　米軍日本語将校が見た終戦直後のアジア』（ドナルド・キーン編、松宮史朗訳、中央公論新社刊、二〇〇六年）を拾い読みしていたら、なんと青島時代のキーンの書簡の中に「ヨコヤマ・マサカツ」なる人物が出て来るではないか。東京に駐在していた親友テッド・ドバリーに宛てた一九四五年十月三十日付の書簡。なんとも迂闊な話だが、そこには、かねて知りたかったキーンと横山との「出会い」が語られていた。

……ある日、日本人の本屋で店主を相手に文学の話をしていたら、ぼくらの会話を聞いていた一人の日本人が、ぼくに向かって、日本の芸術に興味がありますかと訊いた。ぼくが、ええ、と答えると、彼はこう言った。
「お暇があれば、一度うちへおいでになりませんか？　あなたが興味をおもちになるような本も何冊かあります。いつでもどうぞ」
ぼくらは名刺を交換したけれど、お互いもう二度と会うこともないだろうと思いながら別れた。君も知っているように、そんな漠然とした招待が実現することなどほとんどない。でも、ぼくはどういうわけか、ある日の午後、ヨコヤマ氏に電話をかけて家を訪問したのである。

ぼくらはすぐに打ち解け、親密と言ってもいいほどになった。彼は、自分が一番興味をもっていることについて語り合う機会が長い間なかったと言い、それはぼくにもよくわかった。

ぼくらの会話は、ミノア文明からモーツァルトのコンチェルト、京都の寺院から近代の英米文学の比較論へと次から次へと飛躍した。こんな議論がヨコヤマ氏にとって久しぶりなら、ぼくにとっても同じくらい久しぶりだった。

青島の日本人が経営する小さな本屋で、たまたま「同好の士」と出会ってしまった二人の喜びが、さりげなく文面から伝わって来る。その日は一九四五年十月二十三日、キーンは当時二十三歳、米海兵隊第六師団司令部情報局大尉として青島に派遣され、日本兵の戦犯調査にあたっていた。横山は「高島屋飯田」（のちに合併して「丸紅」）の上海支店副支店長・青島皮革廠代表で三十三歳。

2

ドナルド・キーン生誕百年を記念して、神奈川近代文学館で開催された「ドナルド・キーン展――日本文化へのひとすじの道」に、ドナルド・キーンが横山正克に宛てた書簡の一部が初公開された。書簡は、終戦の一九四五年からキーンが京都大学大学院に留学する一九五三年まで、九年間にわたって断続的に書かれている。この時期、復員してニューヨークに戻ったキーンはコロンビア大学大学院に復学し、あたかも戦時の四年間の空白を取り戻すかのように恩師・角田柳作の教えを浴びるように受け、ハーバード大学、さらに英国ケンブリッジ大学に留学し、そこで初めて日本語・日本文学の授業も担当している。そして、どんな形であれ（つまり、仕事であれ留学であれ）、ひたすら日本に来ることを願い、その実現に向けてあらゆる努力を試みていた――まさに日本文学者ドナルド・キーンが誕生しつつあったこの時期のキーンの素顔を、親友・横山正克に宛てた書簡から浮き彫りにしてみたい。

二人の「交遊」は、お互いの「必需品」を送り合うところから始まっている。たとえば一九四七年三月二十七日の書簡に、「出来る丈砂糖を上げたいのですが、配給制度の下に余り手に入りません。サッカリンは充分ありますから砂糖の代りにそれを送りませう」とあり、それを受けるようにして二十九日の書簡には、「サッカリン、コーヒ、毛糸（赤）、木綿糸

（黒、白、赤）、チョコレット、安全剃刀、婦人用ハンケチ」を送ったことが記されている。
さらに同年六月十九日付の書簡。

今日は又小包を送つて上げました。其の内容としては砂糖（二斤）、石鹼二ケ、ＤＤＴの「ポンプ」、ナイロン製のストッキング、牛肉、チーズ等がありました。今日の貴方の手紙を頂いてから久子（横山の長女＝引用者注）の靴を買ひましたが一週間に一つの小包しか送られませんので来週はそれを上げる積りです。

敗戦直後で物資が不足していた当時の東京に住む横山に、キーンはニューヨークから「必需品」を盛んに送っていた様子が窺われる。中でも八月二日付には、いかにもキーンらしい一節が挿入されていて興味深い。

貴方の第二十九の手紙には「余り多い贈物をこの辺で打切るか、せめて数を尠《すくな》くして下さい」と仰しやつたのですが、私が幾度申した通りに私が僅かの小包を送つて上げませんでしたら人間としての良心に背くのです。不足の無い国に住んで居る私は苦しい生活の日本に居る貴方のことを忘られません。日本は恩を返す観念が非常に強〔い〕と聞きましたが、此の場合は恩と云ふのは問題になりません。私がものを上げるのは反つて私の良心が要求する義務であつて、貴方が小包を受け取つて下さるのは私が大変有難いです。

言い回しにぎこちなさが残っているものの、旧仮名遣いで書かれた手紙（原文には旧字が混じっているが新字で統一し、句読点は適宜補った。以下同じ）からは二十代のキーンの真摯な思いが直に伝わってくる。これに対して横山は、やはり当時のアメリカでは手に入り難い、キーンにとっての「必需品」である日本文学の研究書を盛んに送っている。たとえば、キーンがハーバード大学留学中の同年十月十六日付。

昨日も九月十日附の第四十五便及びマート氏に頼んで送つて下さつた小包を頂きました。本当に〳〵有難う御座いました。四冊共無事に着いたのです。貴方が私の近松研究の為に色々御手数をかけて東京大学へも早稲田大学へもいらしやつたことがあるのはどうも済みませんでした。心から感謝し乍ら貴方が余りにも費用をお出しになつたことを心配して居ます。古本も結構ですから成るべく安いものを買つて下さい。私は「国性爺合戦」の翻訳をして居ますから、その劇又は一般時代物に関する論文が一番欲しいです。ハバード大学の図書館には「国性爺」の本文が幾冊もありますが注訳は殆んどありませんから色々な難点があるのです。貴方のリスト中の特に早く頂き度いのは木谷蓬吟《ほうぎん》氏の「浄瑠璃研究」、高野正巳氏の「近世演劇の研究」と黒木勘蔵氏の「近松門左衛門」です。暉峻《てるおか》の「現代語訳日本古典の中近松集」が役に立てるとお考へになつたらそれも頂き度いのです。

「貴方のリスト」とあるのは、横山が東大・早大の図書館へ行って調べ上げた近松関係の書物の目録のこと。最後の「暉峻」とあるのは、のちの早大教授・暉峻康隆が編纂した「現代訳日本古典」の中の『近松集』ということだろう。また、ケンブリッジ大学に留学中にも、たとえば一九四八年十一月十九日付には「今日の貰つた母の手紙に貴方が送つて下さつた『近松語彙』と『支那文学芸術考』が到着したのです」とあり、翌四九年七月十九日付では、やはりニューヨークの留守宅に住む「母の手紙に依ると」と始まり、

貴君の送つて下さつた本が続々届いて居ます。二、三日前迄に「赤穂義人纂書」の三冊と「江戸文学史上巻」と「上代文学史上巻」が届きました。どうも有難う御座いました。友人の話に依れば「日本文学全史」の十三冊に八十米弗の値段があります。それは行けません。私がどう云ふ風にそれに報ゆることが出来ますか。

こうした横山とキーンの「必需品」のやりとりの記述は、すべての書簡にわたって見られる。しかし、これらの書簡の魅力は、こうした文面の合間を縫って、当時のキーンが何を考え、何をしようとしていたか、そのすべてが親友・横山正克を相手に正直かつ率直に語られ

ているところにある。これまで資料として空白部分の多かったキーン二十代の「告白」にこそ、我々は耳を傾けるべきだろう。

3

一九四七年二月二十六日に本多利明の研究で修士号を取得したキーンは、同年三月二十七日付の書簡で、将来の計画について次のように書いている。

私の将来の計画は定つて居ません。近頃は非常に心配して居ますが未だ決心が附きません。三つの計画があつて選択に迷つて居ます。其の第一は日本へ行くことです。貴方に再会致して和文学の研究を継続するのは一番望ましいことです。然し私が行つたら必ず官吏として行かなければならないので、色々な制限があると思ひます。其の第二の計画は中国へ行くことです。経済的問題としては此の計画は一番有利的であるでせう。何故ならば私が一年間中国で勉強して博士論文を書いたらコロンビヤ大学の教授に任ぜられると思ひます。然し実際上私は行きたくはありません。其の第三の計画は一寸説明し難いものです。それは巴里へ行くことです。仏蘭西はどんなに戦争に負けても西洋の知識の中心です。私は一度巴里の知識の刺戟（intellectual stimulus）を受け度いのですが、巴里へ行つたら日本が恋しくなるかも知れません。

終戦直後という困難な状況の中で、さまざまな可能性を模索しているキーンの煩悶が直に伝わって来る。ここで「必ず官吏として」と言っているのは、終戦直後の占領下の日本に行ける最大の可能性が、役人としての通訳の仕事であったことを語っている。たとえば、同年六月十九日付書簡には、「仕事としては只戦時犯罪者の公判の通訳がありましたが、私が青島に居つた時分そう云ふ仕事をやつたことがあつて非常に嫌でした。私が折角日本へ行つて一番嫌な日本人と毎日〳〵交際するのは決して理想的な状態ぢやありませんと思ひます」と書いている。

先の三月二十七日付書簡は、さらに別の可能性について次のように書く。

友人のコロンビヤ大学の教授の話しによれば明後年、東洋文学と思想と云ふ義務学科があるのです。和文学はいゝ、翻訳が尠くないですが日本の哲学とか宗教的思想とか経済思想は殆んど訳されて居ません。若し東洋思想の学科があれば翻訳の必要が明かです。私が日本へ行つて大規模な翻訳事業を開始し度いのです。近〔い〕内にRockefeller Foundation（ロカフェラ基本金管理局）へ行つて自分の計画を説明して寄附金を乞ふ積りです。

結果的にキーンは、フォード財団の奨学金を受けることで日本留学（一九五三年）を果たすことになるが、その間には種々の苦労があったようだ。たとえば、先の書簡から五年後の一九五二年七月十日付書簡においても相変わらず「古い話しですが、日本へ行く為の奨学金を探して居ます」とあり、しかし「余り望〔ま〕しい事情ではありません。何故かと云ふと僕の専門は贅沢品の文学です。若し僕が日本労働運動や科学的農業に趣味を持つて居たら、容易にお金が貰えると思ひますが、芭蕉の研究なら中中お金を呉れないらしいです」と諧謔まじりに語っている。

先の「三つの計画」について記した書簡は、後半から自分の研究の話に移って、その進捗状況が次のように語られている。

私の和文学の研究は段々進捗して居ます。今、能楽を勉強して居ます。卒都婆小町と蘆刈を読みました。能楽の中に私の一番感心するのは貴方の説明なされた鉢の木と松風です。昨晩、能の舞を見に行きました。舞踊者は伊藤貞《てい》子と云はれて居て戦争の前、日本に相当の評判があつた相です。

奥の細道の翻訳は余り進んで居ません。俳諧を英詩に変ると云ふのは殆んど不可能です。俳諧の特徴はものを暗示することでせう。然しアメリカ人は日本人の詩的背景を有して居ませんから其の暗示を訳するには困ります。例へば「袖」と云ふ言葉は日本人に「涙」と

か「憂」の意味を暗示しますがアメリカ人に只衣服の一部です。（ルビは原文）

「松風」は、キーンが能の最高傑作として称えていた作品で、のちにコロンビア大学の授業でも繰り返し取り上げている。「奥の細道」の翻訳については、同年四月二十七日付書簡に「唯今『奥の細道』の翻訳を完了してほつと胸を撫で下した」とある。のちに芭蕉の足跡を辿って一九五五年に「紅毛奥の細道」を「中央公論」六月号に執筆し、ひとまず「完了」していた翻訳の方は、同五五年にその一部がキーン編纂の *Anthology of Japanese Literature*（日本文学選集・古典篇）に収録され、さらに推敲を重ねた結果、一九九六年に *The Narrow Road to Oku* の題で刊行されている。書簡は続けて、「宗祇の『水無瀬《みなせ》三吟百韻《さんぎんひゃくいん》』を翻訳する予定でしたが、私は疲れて居てむづかしい連歌を訳する活動力を持つて居ないかも知れません」と書く。この宗祇の連歌「水無瀬三吟百韻」は、のちに博士論文と修士論文を除けばキーンの処女作と言っていい一九五三年にロンドンで刊行された *Japanese Literature : An Introduction for Western Readers*（『日本の文学』吉田健一訳、一九六三年）の核心部分を占めるテーマとなる。

一九四七年九月にハーバード大学大学院に留学した後の十一月十二日付書簡では、自分と「奨学金」の関係についてキーンは次のように書いている。

私は十六歳になつてから両親からお金を殆んど貰つたことがありません。それは私が大学に入つてから何時も奨学金を受けられたのです。米国の奨学金は場合に依つて違ひますが、良いのは学費以上生活費を含むのですから学生としても独立し得て両親の世話になりませんでした。戦時は将校としての俸給は尠くなかつたので貯金し得ました。今は米国政府の奨学金（それは一般軍人に与へる）も受けて、中国政府の特別奨学金も受けることになりました。

キーンは、小学校から高校までの間に二回飛び級して十六歳でコロンビア大学に入学したが、十四歳の時に両親が別居したため、ここで語られているように大学から大学院、ハーバード留学、ケンブリッジ留学、そして日本留学、とすべての学業を奨学金を獲得することで果たしている。中国政府（正確には、中華民国政府）の奨学金を得るにあたっても、その支給規定に見合うように、中国に関係するテーマということで頭を絞り、近松の『国性爺合戦』を選んだ。書簡の最後は、いかにもキーンらしく次のように結ばれている。

今日は初雪が降りました。十一月中旬の雪は意外に早いです。未だ葉が枝に残つて居ます。不味い乍ら私の今日作つた俳句を伝へます。

初雪や秋の紅葉も白く見ゆ

4

キーンは一九四八年から五三年まで、五年間にわたってケンブリッジ大学に滞在している。そもそもの発端は、一つの新聞記事だった。年代不詳だが、前後の文脈から推して一九四八年六月十一日付の書簡。

四月三十日、茫然と新聞を一枚一枚あけて居〔た〕所へ同封する記事が目に附いたのです。正月の頃、英国の奨学金を申込みましたが、それを殆んど忘れました。私の考へでは和文学の教授になつたら日本へ行く機会が必ずあるが欧州へ行く筈はありませんので、記事を読むと非常に喜びました。

その記事というのは、「ヘンリー奨学金が英国で研究する五人に与えられる」という見出しで、文中にその一人として「ケンブリッジで極東の言語を研究するドナルド・L・キーン」の名前が載っている。キーンは八月三十一日にアメリカを立ち、フランス、ベルギー、オランダ経由で、十月六日に英国に到着。翌四九年七月十九日付書簡には、ケンブリッジ大学で担当している授業について次のように記している。

自分の研究の外にケムブリジ大学の教授としての講演の準備をする必要です。講演は二種があります。其の一は和文学の一作の研究、即ち（一）古事記、（二）方丈記と徒然草、（三）現代文学。其の二は日本歴史（特に那良朝史）です。そして朝鮮語をも教へる可能性がありますが、朝鮮語が嫌いですから遣り度くはありません。

「那良朝史」とあるのは、奈良朝史。これを受けて同年十一月三日付書簡には、「ケムブリジ大学の教授としての仕事は好〔き〕です。講演は一週間に五時間しか無いが、其の準備が相当の時間がかゝるのです。一番面白いのは日本の歴史の講演です。今は那良朝の仏教をざつと説いて居ます。私が日本に居た時、那良へ行かれなかつたのは残念です。写真がどんなに良くても名所の空気が無いのです。那良朝や平安朝の歴史を読むと、鎌倉時代以後の歴史と全然違ふですね。それは女性の位置の差異に依るかも知れません」とある。ここで「私が日本に居た時」というのは、終戦後に原隊復帰の部隊をハワイでなく「横須賀」と偽り、焼け野原の東京、鵠沼、鎌倉、日光と一週間だけ日本に滞在していた時のことを指す。

ケンブリッジからの便りで特筆すべきは、一九四九年二月七日付の次の一節。

私がBertrand《ベルトランド》 Russell《ラセル》と云ふ有名な哲学者の友人になつたのです。ラセル伯爵は七十六歳ですが心は未だ若いのです。兼好法師の「命長ければ恥多し」と云ふ格言の例外です。私が自殺しようと考へる時、ラセル伯爵の様な立派な人間になる可能性があつたら、どんな煩悶にも堪へることが出来ますと思ふのです。（ルビは原文）

キーンはケンブリッジで、敬愛する『源氏物語』の訳者アーサー・ウエーリ、小説家のE・M・フォースターとも親しく交遊したが、たまたま横山宛て書簡には出てこない。哲学者バートランド・ラッセルとの邂逅が、それほど刺激的だったということだろうか。

一九四九年七月二十六日付の手紙では、自分が将来書くべき「日本文学史」の内容に初めて触れていて興味深い。

今日、日本評論史の四冊と元禄快挙録を頂きました。本当に有難う御座いました。久松氏の作は素晴しいです。自分が新らしく日本文学史を作るより久松氏の日本評論史を訳する方が良いかも知れません。然し西洋人の考へ方が少し変つて居るので西洋人の立場からその文学史を書く必要です。そして全然和文学を知らない西洋文学者の為に西洋文学との比較と対象《ママ》をしなければなりません。ですから多分、久松氏の作を其の儘翻訳し得ません。

「久松氏」とあるのは、国文学者の久松潜一。一九四九年の段階で、すでにキーンは将来、自分が「日本文学史」を書くことを予見していた。同年四月二十八日付書簡にも、「日本文学史をも書き度いと思ひます。今のアストンAstonのは古くて明治時代の僻見《へきけん》くさいです」（ルビは引用者）という一節がある。これは、一八九九年（明治三十二年）に刊行されたW. G. Aston : *A History of Japanese Literature* のことを指す。

一九五〇年六月十八日付書簡は、次のように始まる。

今日は私の誕生日です。二十八歳の「若年寄」の身で此の日を独りで過すことは一寸淋しいです。普通は自分の研究に没頭して居ますので余りそう云ふ考へが無いが今日は例の祝ひが無くて友人も皆遠いですから鬱いで居ます。

留学先のケンブリッジで、独りで誕生日を迎えて憂いに沈むキーン。しかし、横山正克にとって注目すべき一節が続く。

私の「国性爺の研究」が遂に印刷される様になつたらしい。先週は挿画を選んだのです。該本を三人の友人に奉献する積りですが、貴方のその三人の一人としての御許可を頂き度いのです。貴方が私の為に尽力したことを一生忘れずして僅かの奉献で私の感謝を表し度いのです。

横山は、さぞ嬉しかったに違いない。ところで、同じ「国性爺合戦　近松の人形浄瑠璃、その背景と重要性」の「奉献」の相手の一人であるKim Gwan Lieについて、キーンは一九四九年九月十二日付書簡で「(写真に写っているのは)私の親しい友達の李金源《リキムグワン》です。彼は支那系爪哇生れの人で今はコロンビヤ大学生です」(ルビは原文)と初めて紹介している。爪哇、すなわち「ジャワ」生れの華僑。

『自伝』の中に、東南アジアで「知り合いがいる唯一の国は、インドネシアだった。私の友人はすべて華僑《かきよう》で、彼らの一族は何百年も前に中国からジャワへ移民してきたのだった。彼らは、もちろんインドネシア語を知っていた。しかし、ふだんは入植者の言語であるオランダ語を話し、オランダ系の学校を卒業していた」という一節がある。李金源は、おそらくこの華僑の「友人」の一人だった。

年代不詳だが、オランダのライデン大学と思われる場所で撮影されたキーンと李金源の写真がある。キーンは一九五一年、シーボルトなどの東洋学資料を研究するためライデン大学を訪れているが、その際にオランダ語に堪能な李を同伴したかもしれない。キーンは蘭学者・本多利明をテーマにした修士論文で、すでに述べたように一九四七年に修士号を受けている。これにさらに推敲を重ね、一九五二年に*The Japanese Discovery of Europe : Honda*

*Toshiaki and Other Discoverers, 1720-1798*という題で出版。近松の「国性爺」の博士論文が刊行されたのは一九五一年だが、すでに一九四七年に提出された修士論文を書くにあたって、李がオランダ語の文献を読み解く手助けをしていた可能性は十分ある。「国性爺合戦 近松の人形浄瑠璃、その背景と重要性」を捧げられた恩人の一人にKim Gwan Lieの名前が挙げられているのは、あるいはそのためではないかと思われる。

一九五〇年十月七日付書簡では、すでに将来日本で暮らすことを見越して、キーンは次のように横山に依頼している。

貴君は大変お忙しいでせうが若しお暇が御座いましたら私の日本に居る生活費を推定なさつたら大層有難いです。私は勿論日本人の様に暮し度いのです。(日本料理、和式の部屋等)それは私が奨学金を願ふ時充分な資金を受領する様に生活費を細記する必要です。

同年十月二十二日付書簡に挿入された抒情的な一節。ケンブリッジ大学の庭の描写から始まり、青島時代の郷愁に触れている。

私の部屋が庭に向かひ、今は丁度その盛りです。大きな木の紅葉が燃える様で菊やダリヤが眩しい程美しいです。秋になると何時も青島の秋を思ひ出します。殊に貴君のお宅で御馳走になつてからリチヤード君と一緒に兵舎へ帰へる時、しんとした町を歩くに「唐焼栗子」と云ふ呼び声が遠くから聞え、寒い風に栗の匂ひが段々したことを思ひ出します。

5

ケンブリッジ時代のキーンは、休暇を利用してヨーロッパ中を精力的に歩き回っている。たとえば次に引くのは一九五一年の書簡で、月日は不詳。

二ケ月間の旅行は今は思ひ出ばかりですが、一生忘れられない程深い印象を与へたのです。フランスやイタリヤの旅行と違つて有名な建物や美術品が少なかつた東欧は反つて人類学的趣味が多かつたのです。例へばユゴスラビヤは最近式の政府があると云つても百姓は五百年前の風俗と滅多に違はないらしいです。土耳其もケマル氏の革命があつたが大都会のイスタンブルの真中にも羊の群が度々見えます。そして土耳其人が洋服を着る様になつても九月の祭の時は各人は羊一匹を背負つて回教寺院へ行き、刀でそれを殺すのです。土耳其人は例外無しに醜いですが意外に心《ママ》切です。歴史を読むと「恐ろしい土耳其人」と云ふ言葉がよく出ますが、現在の土耳其人は決してそうではありません。

「土耳其」はトルコ。キーンの旅行好きは広く知られているが、すでに触れたようにケンブリッジに来る途中にフランス、ベルギー、オランダに立ち寄っているし、ケンブリッジから日本へ向かう途上でも、イタリア、イラク、インド、セイロン（スリランカ）、シンガポール、インドネシア、タイ、カンボジア、香港、と途中のルートに沿って隈なく旅行している。
そういえば英国に着いた当時の一九四八年十一月十九日付の手紙にも、「ケームブリジ大学で中国語の研究を続けたり、『国性爺合戦』の論文を完成して居ます。此処は日本語の本は殆んどありませんから浄瑠璃の研究に必要な本は全部貴方の前に下さつた分だけです。練習の為、毎週は三時間日本語を教へます。それは主に和英の翻訳です」と近況に触れた後、次の一節がある。

英国も英国人も好〔き〕ですが仏蘭西程の国は世界中に無いと思ひます。御承知の通り私が未だ京都も北京も見たことがありませんが、私の見た範囲内では巴里に比べ得る市はないのです。巴里を見てから実にアメリカへ帰り度くはなかつたのです。来月の六日は冬休暇が始まるので巴里へ行く積りです。今度は伊太利迄旅行希望です。

その伊太利（イタリア）で、完成間近の博士論文の原稿とタイプライターを盗まれた話は、すでに『自伝』でよく知られているから省く。

次に引くのは、一九五〇年七月三十日付の旅先のオランダからの便り。

朝鮮の南北戦争が起つてから非常に心配して居ます。若し海軍が私が朝鮮語を少し勉強したことを知る様になつたら、予備兵役の将校として服務しなければならないかも知れません。四ケ年を無駄に過した私は更に何ケ年を同様に費〔や〕し度くはありません。

「朝鮮の南北戦争」とあるのは、一九五〇－五三年のいわゆる「朝鮮戦争」のこと。キーンは、ケンブリッジで日本語・日本文学以外に朝鮮語の授業も担当していた。これを受けて、翌一九五一年正月十八日付のケンブリッジからの書簡の一節。

「赤紙」が来たら仕方なくて海軍に戻るのですが、その時迄に自分の研究に没頭します。私は勿論一つも行き度くはありません。前の戦争は或る程度まで好奇心があつて進んで志願したが、今度は無駄に時を費〔や〕し度くはありません。駝鳥が頭を沙に隠す様でせうが成るたけ大学界の狭い範囲外に出たくはありません。（中略）

入隊する可能性を考へて居ると、若し行つたら多分日本を再見するでせうと自ら慰めます。私がそれを唯一の慰めにして覚束ない将来を待つて居ます。

召集令状のことを「赤紙」と呼んでいるのは、いかにもキーンらしい。次は、初めて谷崎を読んだ一九五〇年十月十四日付。

私は今、谷崎潤一郎の「細雪」を読んで居ます。フランス小説家の roman fleuve の様に遅く流れるのですが面白い場面も少なくないのです。私は戦後の日本文学を研究したいのですが谷崎氏の小説の外に一冊もありません。貴君が読み終つた小説がありましたら勝手なお願ひ乍らそれらを貸して下さいませんか。

ここで、roman fleuve とあるのは「大河小説」のこと。また、キーンが小説を書き始めたことを伝える次の書簡は年代不明。しかし文中に、「おくのほそ道」の翻訳の中途点を越しました、とあることからケンブリッジへ行く前の一九四七年四月五日付と推定される。

去年の夏は小説を書き始めました。近頃其の小説を継続する気がしますが暇がありません。小説を書くには一番むづかしいのは批評家の私と小説家の私を分離することです。何故ならば小説家として私は余り上手ではないので、批評家の私はそのことに乗じて小説家を虐めるのです。実に困ります。

6

さて、日本行きが差し迫って来た一九五三年三月八日付書簡。

今年の七八月頃日本へ行く可能性があると思ひます。行けば一年位日本に滞在する積りです。然し、四月二十日前に奨学金出願の結果を知りませんので、その時までに何も申さないことにしました。が、日本領事館で旅券を査証して貰ひ度いなら「日本国における在留期間の一切の経費の支払能力あることの証明書及び日本国における確実な身元保証人の氏名…三通を添付すること」と云ふのです。私は非常に困つて居ます。査証の手続は大変遅いですから四月二十日乃至五月一日まで待つたら七月に出発し得ないと思ひます。お忙しい所へ御面倒をかけることは無理ですが、支払能力や身元の証明をお願ひ致したいのです。勿論奨学金を貰はないなら日本へ行きませんので、経済事情の証明は此の査証の申請書の為だけです。貴君は若しこの証明書を書く暇がありませんでしたらそれを忘れて下さい。御迷惑を掛けたくはありませんが、一日も早く日本へ行きたいと思ひます。本当に済みませんでした。

同書簡の後半に、「私は今芭蕉の研究を続けて居ます。読めば読む程芭蕉は日本第一の著者と思ふ様になります」という一節がある。キーンは日本留学を芭蕉の研究に捧げたかったが、結局、フォード財団の奨学金規定に則って研究テーマを現代と結びつけ、「現代日本に残る古典文学の伝統」で申請し、首尾よく奨学金を獲得した。

同年六月十日付書簡。

出発の日が愈々近〔づ〕いて来ましたので大変忙しいです。日本の査証をやつと貰ひましたが、インドネシヤやカンボヂャや香港の査証をまだ待つて居ます。今の予定に依れば日本に到着するのは八月二十四日ですが、若し上記の査証を貰はなければ、もつと早く着くかも知れません。兎に角途中で自分の計画の詳細を書き上げます。（中略）先週は皇太子はケムブリツヂにいらつしやいまして、私は御案内者の一人でした。

ここで「皇太子」とあるのは、今の上皇陛下。この時の縁もあって、キーンは晩年に到るまで皇太子・天皇時代の上皇ならびに妃殿下・皇后時代の美智子上皇后に皇居に招かれ、食事をしながら歓談するなど親しい交遊を重ねている。

日本に到着する前の最後の手紙は、一九五三年八月十九日付、「飛行中」とある。

二ケ月の旅行の後、私は愈々日本に近〔づ〕いて居ます。

御存知の通り到着すべき日は八月二十四日でしたが今日は新しい飛行表を見てから二十五日に変つたことが分りました。私は非常に怒りましたが仕方がありません。香港に到いてから電報を打つ積りですが洪水の為に遅られて居るかも知れないので貴君が二十四日羽田飛行場へいらつしやる恐れがあります。非常時に到着することは余り愉快ではありませんがお願ひですから私の為に心配しないで下さい。若し貴君が飛行場へ行《ママ》られませんなら私は汽車で京都へ行きます。困難があれば東京の御会社に連絡致しませう。

私の旅行は一生忘れら〔れ〕ません。先週はCambodiaのアンコールワトの蹟址を見物しました。それは云ふ迄も無く世界の名物の中に数えられます。私の今迄見た所では一番立派なのです。

では二十五日（或はその翌朝）お目に掛ります。七年の後で再会し得ることは何より嬉しいです。

三月八日付の手紙に「一日も早く日本へ行きたいと思ひます」とあるように、憧れの日本に「一日も早く」着きたいはずであるのに、その途上のあちこちで日数を費やして、しっかりと「旅行」を楽しんでいるところなど、いかにもキーンらしい「無駄のない」性格が窺える。キーンは羽田に到着した後、その夜のうちに東海道線の最終列車に乗り、『自伝』の中で感動的な記述のある「関ヶ原」を経て京都駅に着き、出迎えた横山正克と七年ぶりの再会を果たす。

第三部　翻訳作法

ドナルド・キーンから学んだ翻訳作法——東洋大学での講演

1

翻訳に関する、わたくしの経験をお話ししたいと思います。

わたくしは、自分から翻訳をしたいと思ったことは一度もありません。ですから、皆さんのように大学で翻訳の勉強をしたこともありません。まったく偶然のことから、翻訳をやることになったんです。まず、そのお話からします。

わたくしがドナルド・キーンさんに初めてお会いしたのは、新聞社の仕事でインタビューした時でした。三島由紀夫さんが亡くなって二年後の一九七二年、たしか秋か冬の寒い日でした。偉い学者だと聞いておりましたので、インタビューの当日、非常に緊張しました。わたくしは、まだ新聞社に入ったばかりで二十四歳。キーンさんは五十歳でした。

ところが、会って話し始めたら、緊張感はすぐに消えました。まったく気取らない、ちょっと年上の友達みたいに、若々しい人でした。あ、本物の学者というのは、こんなに若々しいんだ――これが、キーンさんから受けた第一印象でした。

わたくしは当時、ジャパンタイムズの編集局で The Student Times というバイリンガルの週刊紙の記者をやっていました。その時、書いた記事の冒頭の一節だけ、今でもよく覚えています。記事全体は、とうの昔に忘れてしまったのですが、しかし書き出しの一節だけは忘れたことがありません。なぜかと言うと、そこだけコピー・エディターに完全に書き直されてしまったからです。

コピー・エディターというのは、記者が書いた原稿の最終チェックをして、記事の見出しをつけるアメリカ人の編集者です。記事をチェックしてくれたのはジョン・ベアという若いアメリカ人で、なんとわたくしと生年月日がまったく同じでした。もちろんアメリカと日本の時差の違いはありますが、一九四八年十二月二十二日生まれというのは変わりありません。一緒に飲んでいる時にそのことを知りまして、「これは奇跡だ!」と二人で乾杯しました。まったく同い年なのに、天才的に仕事が出来る人でした。

そのジョニーによれば、記事は書き出しの一節が一番大事です。書き出しがまずいと、読者はその記事を読んでくれない。それで、わたくしが書いた記事の冒頭部分は跡形もなく消されて、次のように書き直されてしまいました。

The idea that no foreigner could fully appreciate Japanese literature is absurd to anyone who knows about Donald Keene.

いかにも英語らしい表現で、メリハリがあり、リズム感もあって、頭に入りやすい。ついでに、翻訳の勉強をしておきましょう。この文の主語は、be動詞のisの前までです。特に英語の新聞記事というのは、こういう頭でっかちの長い主語が多いです。なるべく短いセンテンスで多くのことを言おうとすると、こうなります。

英文の記事を読む時は、どこまでが主語か、区切りの印をつけていくとスムーズに読めます。それは、キーンさんの原稿を訳す時でも同じで、どこまでが主語か最初に読んだ時に、どんどん印をつけて行きます。キーンさんの場合、結構長いセンテンスが多いので、はっきりした意味の切れ目などに、やはり印をつけていく。すると、いざ翻訳という時に一節一節が、かたまりとして眼に飛び込んできますからわかりやすい。

まず、英文和訳式に理解してみますと、「外国人が日本文学を十分に理解出来るわけがないという考えは馬鹿げている」、誰にとって馬鹿げているかと言うと、「ドナルド・キーンのことをよく知っている者にとって」は馬鹿げている、そういうことですね。これを、わたくしが言おうとしたことを強調して、英語の発想の順番そのままに翻訳すると、「外国人には日本文学がわからないという考えは馬鹿げている、現にドナルド・キーンがいるではないか」という感じになります。

この書き出しでわかることは一九七二年の段階で、外国人には日本文学がわからないという風潮が、まだ一般的だった。それに対する反証として、ドナルド・キーンの名前を挙げた。

つまり五十歳の日本文学研究家ドナルド・キーンは、すでに日本で知られていたということになります。

話を、もとに戻します。キーンさんに初めて会った時の話です。どこかウマが合ったのか、その日から飲み友達になりました。二人ともお酒が好きでしたから、毎週のように食事に呼んでくださって、手料理をご馳走になりました。

キーンさん、当時は半年をニューヨークのコロンビア大学で教え、半年を東京の自宅で『日本文学史』の執筆に専念しておられました。キーンさんは一人暮らしで、ご自分で料理をするのが好きでした。しかし、自分一人のために手の込んだ料理を作るのは馬鹿げている、出来れば笑って、飲んで、食べる相手が欲しい。ところがキーンさんの友達は、どなたも非常に忙しかった。

三島由紀夫さんは、すでに二年前に切腹してしまって、もういません。永井道雄さんは、当時、朝日新聞の論説委員を務めていたので忙しかった。嶋中鵬二さんは、永井さんの幼なじみで中央公論社の社長でしたから、やはり目の回るほど忙しい。安部公房さんも大江健三郎さんも、まだ、それぞれ四十代と三十代の小説家として脂の乗り切った時期で、これまた忙しい。こうした友達とキーンさんとの出会いについては、おもしろいエピソードがいろいろありますが、今日のテーマから離れますので省きます。ともかく一番若くて暇だったのが、わたくしでした。それで毎週、手料理をご馳走になる、という幸運に恵まれたわけです。

当時のキーンさんとの会話を録音しておけばよかったな、と今になってみれば思います。誰でもそうだと思いますが、こんなおもしろい話、忘れるわけがない、とその時は思うんです。いくら酔っぱらっていても、本人は断固そう思っていますから、録音なんかするわけがない。ましてや、お酒を飲みながらメモを取るバカはいません。しかしシェリーから始まって、ワイン、コニャックと飲みながらの話ですから、完璧に酔っぱらってしまって、結局たいしたことは何も覚えていない。これだけは、今でも後悔しています。録音しておけば、キーンさんについて本が二、三冊、書けたはずです。つまり、まだ活字になってない話題が山ほどあった、ということだけは記憶している。

そんなある日、つまり、飲み友達として十数年たった頃で、わたくしはたぶん三十代後半でした。いつものように、食前のシェリーをいただいている時に、突然、「角地さん、お願いがあります、翻訳をやってくださいませんか」と言われました。キーンさんは、親子ほど年の離れた若い人間に対しても、こうした折り目正しい日本語を話します。

で、理由を聞くと、それまでキーンさんの翻訳を一手に引き受けていらした徳岡孝夫さん、当時、毎日新聞に勤めていらして、キーンさんの親友で飲み友達であると同時に三島由紀夫の親友でもありました。三島さんが市ヶ谷の自衛隊で自決する時に、前もって現場に呼ばれた二人のジャーナリストのうちの一人です。三島さんは、ことを起こすにあたって、自衛隊が事件を隠蔽して世間に情報が正確に伝わらないかもしれないことを恐れて、親しいジャーナリストを前もって現場に呼んでいたわけです。

その徳岡さんが、ある事情で『日本文学史』の翻訳が続けられないことになって、キーンさん、困っていたんです。しかし、いきなり、「やってくださいませんか」と言われても、わたくしはそれまで翻訳なんかやったことがない。外電、つまり外国から次々と入って来るニュースを訳すとか、そういうことは勿論ありましたが、そんなのは翻訳の中に入りません。つまり、文学作品の翻訳は一度もやったことがなかった。ましてや、学者ドナルド・キーンの翻訳なんか出来るわけがない。だから、「冗談じゃない」とお断りしました。つまり翻訳というものがどういうものか、すでに自分なりにわかっていたからです。

たとえば、ドナルド・キーンの翻訳をやる、ということがどういうことか、皆さん、想像してみてください。あの天才的な学者ドナルド・キーンが、精魂込めて英語で原稿を書く。それと同じことを、自分の日本語でやる、ってことなんです。

これは、もちろんドナルド・キーンに限った話じゃありません。皆さんは、どういう作家を知っているかわかりませんが、わたくしが学生時代に読んだ作家で言えば、英国のE・M・フォースターでも、イーヴリン・ウォーでも誰でも同じです。キーンさんが十七歳の時に論文を書いたフランス文学のフローベールでも、同じくキーンさんが好きだったプルーストでも同じです。つまり、原作者が英語やフランス語で読者を動かしたと同じように、翻訳者は自分の日本語で読者を動かさなければならない。

だから誤解を恐れずに言えば、翻訳するということは、原文とまったく同じ作品を自分の日本語で新たに書き下ろす、ってことなんです。皆さんが思ってらっしゃるように、辞書を引きながら英文和訳するのとはわけが違います。英文和訳と翻訳は、まったく違う作業です。英文和訳は、英語を理解しているかどうか確認するための作業です。しかし翻訳は原文と独立して、それだけで読者を動かさなければならない。読者は、いちいち原文と読み比べて、ああ、なかなか、よく出来ている、と判断するわけじゃないんです。そこに書かれた日本語だけで、原文とまったく同じ効果を読者に与えなければなりません。経験もないのに、いきなり、そんなことが出来るわけがない。だから、お断りしたわけです。

ところが、ここがキーンさんの凄いところです。じっと、こちらを見据えて、「角地さんなら、出来ます」と、一言、言ったんです。キーンさんの眼の力というのは、凄いんです。鋭い眼とか、怖い眼とか、そんなんじゃないんですよ、実に優しい眼差しなんですが、力強い。あの眼で見据えられてしまうと、こっちは暗示にかかったように、身動き出来なくなる。おそらく皆さんの誰であっても、その時のわたくしの立場にいたら、「そうか、俺は出来るのか！」という錯覚に陥ると思います。で、知らない間に、翻訳を引き受けてしまっていたというわけです。お蔭で晩年の評伝まで、すべて翻訳するはめになりました。

もちろん、引き受けるにあたって、こちらからも条件を出しました。キーンさんが必ず読んでチェックすること。つまり、わたくしがやった翻訳を活字にする前にキーンさんがすべて読んで、間違いがあれば正すこと。わたくしの英語力なんか、たいしたことなかったし、ましてや日本文学のことなんか何も知らないわけです。わたくしは大学は早稲田の仏文でしたから、日本文学は自分の好きなものだけ、ごくわずかしか読んでいない。キーンさんのように、古典から現代文学まで何でもかんでも読んでいるわけじゃない。だから、キーンさんが、翻訳の中味を厳しくチェックしてくださるなら、と申し上げたわけです。キーンさんは頼む立場でしたから、こっちが出した条件を断るわけがない。「ぜひ、そうしましょう！」と、喜んで承知されました。

結果的に、これは、どういうことを意味したかと言うと、わたくしはドナルド・キーンという、この上ない翻訳の個人教授を得たということになります。なんせ、英語はもちろん、日本語の理解力だって、わたくしより遥かにレベルが高いんです。今から思うと、こんな贅沢な話はない。しかし、その時は、その有難みがよくわかっていませんでした。

しかもキーンさんの凄いところは、決して人の原稿に手を入れないということです。たとえば、「この部分は、わたしはジョークのつもりで書きました。角地さんの日本語では、ちょっと、ジョークになっていないようです」とか、そういう風におっしゃるんです。つまり、あくまで自分は「ここは、こういうつもりで書いた」という指摘をなさるだけで、絶対にわたくしの日本語を直さない。わたくしとしては直してもらった方が楽だし、どうぞ手を入れてください、と申し上げたんですが絶対にやらない。もちろん漢字が間違っていたり、固有名詞が間違っていたり、年号だとかの数字が間違っていれば鉛筆で直しが入っている。しかし原稿そのものには、一切、手をつけない、ヒントを与えるだけです。で、理由を聞きましたら、キーンさん、若い頃に、ご自分の翻訳をアメリカ人の編集者に勝手に手を入れられて、不愉快な思いをなさったことがあるらしい。で、キーンさん、こういうことをおっしゃったんです。つまり、翻訳者には翻訳者の文体があるんだ、と。

キーンさんによれば「自分が勝手に手を入れたら、角地さんの文体、つまり、文章の呼吸が乱れてしまう。文章の呼吸が乱れたら、読者は、そこで読むのをやめてしまうかもしれない。なぜなら読者というものは、句読点の打ち方から最後の動詞の形に至るまで翻訳者の呼吸、翻訳者の文体を通して、すべてを理解するからだ」と。だから、「わたしは、角地さんの呼吸に勝手に手を入れることは出来ない。角地さんは、自分で直すべきです」と、おっしゃったんです。

これは、たぶん、キーンさんから学んだ翻訳作法の最も大事なことの一つだったかも知れません。翻訳作法どころか、文章作法そのもの、つまり自分の文章を書く上で一番肝心なことを教えていただいた気がします。つまり翻訳であれ何であれ、人が書いた文章に勝手に手を入れてはいけない。逆に言えば、編集者に勝手に手を入れられてしまうような文章を書くな、ということです。

皆さんは、まだ翻訳を勉強中の身の上ですから、先生に、びしびし手を入れてもらわないといけないんですよ。翻訳とか文体なんてシャレたことは、まだ考えなくていい。ただ、ひたすら英文を正確に理解して、それを正確に日本語にすることだけ心掛けていればいい。そうやって先生に手を入れていただいて、何度も試行錯誤を繰り返しているうちに、自分の文体、自分の呼吸というものが自ずとわかってきます。

2

さて、ここで、たぶん誰もが抱くであろう疑問にお答えしておきたいと思います。つまり、あれだけ自由に日本語をしゃべり、自由に日本語が書けるドナルド・キーンが、なぜ、わざわざ英語で原稿を書いたのか。しかも、それを、わたくしみたいな未熟な翻訳者に翻訳させたのか、ということです。どう考えても、キーンさんが最初から日本語で書いた方が手間が省けて、効率的だし、無駄がない。そう、思いませんか？

実は、わたくしも、まったく同じ疑問を持ちました。だから、しばらく経って、キーンさんに尋ねたことがあるんです。しかし、こういう初歩的な質問を、あのドナルド・キーンに面と向かって、シラフで訊けるもんじゃありません。だから、ほどよくお酒を飲んだ時に、酔った勢いで思い切って尋ねました。「なんで、ご自分で、日本語で書かないんですか？」と。

まず返ってきたのは、いつもながらのキーンさんらしい冗談でした、「知りませんでしたか？　もちろん、角地さんに原稿料を稼がせるためです」。わたくしは当時、娘がケンブリッジのキングス・コレッジに留学していて、その学費を払うので四苦八苦していました。さらに娘は途中から医者を志して、オクスフォードの大学院に進みました。英国の大学は、日本と違って学部が三年、大学院が四年、医者の場合、インターンとして病院での研修が二年。わたくしは、その九年間の学費を、ほとんどキーンさんの翻訳でまかなっていました。ふだんから連載が一つ終わると、次は何にしましょう、と新しい原稿をせっつくものですから、「なんだかお嬢さんの学費を払うために、わたしは無理やり働かされているような気がします」と、キーンさんは上機嫌で笑っておられました。だから、まず、そういう冗談を言ったわけです。

　ところが、そのあと真面目な顔をして言ったのは、「英語で書くのが、わたしの仕事だからです」というセリフでした。つまり、わたくしはキーンさんの仕事の本質を、うっかり忘れていたんです。ドナルド・キーンの仕事の本質とは何か？　日本語がわからない外国人に英語で日本のことを伝えること。自分が興味を惹かれて、おもしろいと思った日本の文学や、歴史、文化、あるいは人物について英語で原稿を書いて、世界中の人々に読んでもらうこと。これがドナルド・キーンの本来の仕事だったんです。言われてみれば、当たり前すぎて疑問の余地はない。しかし、当時は、そんなこと考えもしませんでした。

　わたくしが、本格的にキーンさんの翻訳を始めたのは、評伝の『明治天皇』からです。その前に、すでに申し上げたように『日本文学史』をやりましたが、これは「私小説」とか「戦後文学」「女流文学」「演劇」、そして最後の「批評」の章だけで、つまり徳岡さんがやり残した、ごく一部だけでした。

でも、それがわたくしの最初の翻訳でしたから、とにかく、あんなに勉強したことは学生時代にもない。英語の勉強はもちろんのこと、資料としても、喰わず嫌いだった太宰治の全集を読破しましたし、歌舞伎の黙阿弥の台本も声に出して読んでみました。

一方、『明治天皇』は月刊誌の毎月の連載で、五年四ヶ月かかりました。その規模から言っても、『日本文学史』の一部を訳したのとは、わけが違います。たとえば、キーンさんが資料として読んだ『明治天皇紀』全十三巻はもちろんのこと、明治天皇のお父さんである『孝明天皇紀』全五巻にも眼を通す。しかも『孝明天皇紀』に引用されている文章は、なんと万葉仮名で書かれていました！　だから、キーンさんが英訳した文章を読んで、かろうじて引用された万葉仮名の意味を理解する、という有様でした。侍従の日記や回想録、内外の学者たちの論文、あらゆる文献に眼を通しました。『明治天皇』の本の巻末に、日本語の資料だけで三〇〇ほど参考文献が挙げられています。さらに、英語とフランス語の文献も一〇〇ほど挙げてあります。翻訳者としては、それにすべて眼を通さざるを得ない。少なくともキーンさんが引用した個所の前後の文脈には眼を通して、きちんと確認する。

キーンさんも神様でない以上、時には勘違いとか、読み違いがあるかもしれない。日本の学者は、キーンさんの原稿の素晴らしさを褒めるよりもアラ探しが好きです。なんせ、あの天才アーサー・ウエーリの『源氏物語』の名訳についても、日本の国文学者はその誤訳を指摘することしか出来なかった。だから翻訳者として、つまらないミスだけはしたくない。キーンさんの場合、翻訳者のミスは、すなわち原作者のミスと受け取られてしまうからです。

とにかく、これまた、ものすごい勉強量でした。四十歳にもなって、コロンビア大学大学院のドナルド・キーン教授の特別ゼミに突然、放り込まれたようなものです。

『明治天皇』はキーンさんの本格的な仕事としては初めての雑誌連載で、タイプで打った英文原稿が毎月、わたくしのところに届きます。わたくしが翻訳をして、キーンさんに戻します。キーンさんからOKが出ると、それが、まず日本の雑誌に発表されます。

それ以前の、たとえば『日本文学史』は、すでに本として英語版が完成されていて、それを翻訳して刊行するという形でした。ま、ふつうの翻訳は、だいたいすべてそうですね。まず完成した英語の本があって、それを翻訳する。

ところが、キーンさんの場合、『明治天皇』以降は、すべて、毎月新たに書き下ろされ、わたくしは、それを同時進行で翻訳していく。そして日本の雑誌に、まず翻訳が連載され、本として出版されたのも（『渡辺崋山』を除いて）すべて日本語版が先でした。そもそも、こういう形で、つまり、ご自分の原稿より先に翻訳を発表した外国人の作家・学者は、おそらくキーンさん以外にいないのではないかと思います。

日本語版が出てからキーンさんは英文に手を入れ始め、約一年後に英語版を完成してアメリカの出版社から刊行する。だから、時には日本語版には出て来て英語版ではカットされている一節があったりする。逆に、日本語版にはなくて英語版で書き加えた一節もある。もちろん大幅に書き直すわけではないので、大勢に影響はないのです。ただ、日本語版を読んだ後に、ご自分で書かれた英文の吟味をなさるわけです。つまり、英語の原稿として徹底的に手を入れるわけです。

しかも、ここがキーンさんの謙虚で凄いところですが、資料そのものが日本語の文献が多いですから、わたくしの日本語訳を読んだ後で、ご自分の、ちょっとした勘違いに気づいたりすると、日本語訳にならって英語を書き直したり、補足説明なさったりする。だから英語版と日本語版を読み比べた読者から、おまえ、ここ、ちょっと抜けてるじゃないか、と言われても、それはキーンさんが後から手を入れたせいで、わたくしのミスではない。本になったのは、こっちが先なんですから。

これは、『正岡子規』『石川啄木』などの評伝から、『日本人の戦争　作家の日記を読む』とか『ドナルド・キーン自伝』に到るまで、とにかく、書き下ろしの連載原稿は、ほとんど例外なくそういう形で本になりました。

つまり、出るのは、いつも翻訳が先でしたから、なんで最初から日本語で書かないのか、と読者が思うのも無理はない。しかし、キーンさんにとっては、本番は、あくまで英語版であったわけです。英語で、それまで誰も知らなかった日本のことを書き、広く世界中の読者に読んでもらうこと。これが、キーンさんの本来の仕事であり、やりたかったことであったわけです。

3

しかし、キーンさんが英語で書いた理由は、もう一つありました。そして、こっちの方が遥かに重要な理由でした。これは皆さんにとっても、文章を書く基本に関わる大事なことです。キーンさん、こういうことを、おっしゃいました。

「頭の中で、だいたい言いたいことがわかっている短いエッセイなら、いつでも日本語で書けるし、現に書いている。しかし長い連載のように、書き始めてみなければ何を書くか自分でもわからない、つまり自分の考えが書いているうちにどう展開していくのか、自分でもまったくわからない長い連載の場合は英語でないとまずい」と。

あのドナルド・キーンにして、このセリフがあるわけです。つまり、生まれながらにして身につけた英語と、あとから外国語として学んだ日本語との決定的な違いです。あれだけ日本語を自由に使えるキーンさんでさえ、文章を書く時は、そうであるわけです。

そして、書き出してみなければ何を書くか自分でもわからない、より正確に言えば、書き出してみなければ自分が何を考えているかわからない——つまり、人は、なぜ書くか、という秘密がここには隠されているんです。

これ、実は翻訳にも通じる大事な話なので、ちょっと「講義」しておきますね。

皆さんは、ひょっとしたら、文章を書くのは自分の頭の中にすでに出来上がっている考えを、ただ眼に見える文字の形にして表に出すことだ、なんて考えていないでしょうか？　だとしたら、文章を書くことほど退屈なことはないですね。だって、すでに自分がわかっていることを、わざわざ手を使って書くんですから。

なぜか、皆さん、そう思い込んでいらっしゃるから、文章を書くことが、いつまでたっても億劫だし、退屈だし、面倒なんです。しかし事実は、まったく逆なんです。書き出してみなければ、自分でも何を書くかわからないから、人は書くんです。

これは、書くという作業を、外から眺めてみれば、簡単にわかることです。何か思いついたことがあって、皆さんは最初の一行を書き出します。この時、何が起きるか、ご自分の経験に基づいて、よく考えてみてください。自分の手が書いた文字を、書くそばから自分の眼が読んでいるはずです。つまり、同時進行で手と眼が働き始めたわけです。そして眼が違うと判断すれば手は書き直します。眼が、よしと判断すれば、手は次の一行に進むわけです。つまり、書き始めたとたん、「書く自分」と「読む自分」が対話を始める、いや、対話なんてシャレたもんじゃない、喧嘩が始まると言った方が正確です。

書き始めた瞬間から、「書く自分」と「読む自分」が姿を現わし、喧嘩を始める。「書く自分」と「読む自分」なんて言ったところで、これは同じ自分であることは間違いない。ただ作業の上で、その瞬間から役割分担しているわけです。そして「読む自分」が「書く自分」に対して、一行進むごとに文句をつける。

書き始めた瞬間から二人の自分が姿を現わし、喧嘩を始める――このことが重要です。これは、そもそも書き始めなければ、決して起こらないことなんです。頭の中だけでは、こういう作業は物理的に不可能です。手と眼という肉体の一部が働いて、初めてこれが可能になる。こうして、二人の自分が喧嘩しながら文章を前に進めて行く。これが「書く」ということ、ひいては「考える」ということです。

これはパソコンで書く時に、もっと、はっきりします。自分が打った文字が、眼の前に活字の形となって現れる。あたかも自分以外の第三者が書いたかのように、眼の前に、きれいな活字となって姿を現わすわけです。自分の汚い手書きの文字でなく活字ですから、「読む自分」はあたかも他人の文章を読んでいるかのように、その瞬間、冷静になれます。

わたくしが自分で原稿を書き始めた当時は、まだワープロもなかった時代なので原稿用紙に手書きでした。英語で書く時はタイプライターがありましたから、これは日本語で書く時の話です。わたくしは自分でも嫌になるほど字が汚かったので、自分が書いた文字を見るのも嫌でした。ワープロないしパソコンの出現は、だから、わたくしにとっては天の助けでした。自分の汚い文字が、自動的に美しい活字となって眼の前に現れるわけですから。

さっきの、喧嘩の話に戻ります。「読む自分」が、「なんだ、これは！」と言えば、「書く自分」は書き直すか、あるいは手を入れながら次の一行に移ります。ここで、「なんだ、これは！」と文句をつけるのは、自分の文章の呼吸のすべてが文句をつけているわけです。つまり、言葉の論理はもちろん、言葉の感性、言葉のリズム、言葉の好き嫌いとか、そこには、言葉のすべての要素が関わって来ます。

つまり「書く自分」に対して、「読む自分」は自分の感受性のすべてを賭けて批評しているわけです。ここで批評というのは、吉田健一の定義を借りれば、「何かと取り組んで、それに対する自分の態度を決める」ということになります。文章を書く人間は、一行書くごとに、その一行と取り組んで、自分の態度を決めなければならない。

こうして二人の自分は喧嘩しながら、「言葉を探す」という形で考えを前に進めて行きます。言葉が見つからなければ、そこで考えは中断する、というか挫折します。当然、新たに最初から書き始めるということになる。こうして二人の自分が喧嘩しながら前に進む――これが「書く」ということの本来の意味です。

さっきから言っているように、そもそも書き始めなければ、こうした喧嘩は起こり得ない。また、その喧嘩の結果、どういう方向に進んで行くのかも、まったくわからない。書いている本人ですら、最終的にその喧嘩がどこへ行き着くか、まったくわからないんです。だから、人は書くんです。自分がどこへ行き着くか、知りたいから書く。それが無条件におもしろいことだから、人は書くんです。

これが、すなわち本来の「考える」ということです。これは、さっきも言いましたように頭の中だけでは絶対に出来ない作業なんです。しかも、これは喧嘩ですから緊張の連続でツライことです。しかし、この緊張感が何物にも代えがたい。そして、この緊張感は、書き始めなければ絶対に体験出来ないことであるわけです。

だから、人は書く――簡単に言えば、そういうことです。書き始めた以上、途中で手を抜くことはあり得ない。ちょっとでも手を抜いたら、そもそも書く意味がない。これが、書くという作業の本当の意味です。ほかに、書くことに何の意味もありません。

ふつう、書くのは忘れないように記録するためだとか、人に読ませるためだとか、いろいろ言い訳が用意されています。しかし、そうしたことはすべて、結果的に、そういうことも出来る、というに過ぎません。書き始めてみなければ自分が何を考えているかわからない、それが知りたいから書く――このことだけが大事です。

翻訳の場合、自分の頭の中にある何かは、原文から自分が摑んだものということになります。つまり翻訳は、自分が英文から摑んだものを、自分の日本語でしっかりと書き下ろすという作業です。だから、その手順は自分の文章を書く時とまったく同じです。頭の中にある素材が違うだけです。自分の頭にある「オリジナルの何か」であるか、それとも「素材となった英語の文章から摑んだもの」であるか、という違いです。自分が摑んだものと違うと思えば、その言葉が見つかるまで喧嘩しながら書く努力が続きます。そして、最後の一行まで来た時に、初めて自分が英文から摑んだものが何か、はっきりと知るわけです。

翻訳を始める時にキーンさんに訊いたのは、自分のように満足に英語も出来ない者に翻訳が出来ますか、ということでした。意外なセリフが、キーンさんの口から飛び出しました。「角地さん、翻訳は日本語で書くんです」と笑うんです。つまり翻訳する以上、英語はわかって当たり前で、あとは日本語で書く努力にすべてが掛かっているということです。

今の世の中、英語が出来る人は山ほどいます。しかし、それを翻訳出来る人、つまり同じものを日本語で書き下ろせる人は、ごくわずかです。英語がわからなければ、翻訳出来ないのは当たりまえです。しかし英語が出来るからと言って、翻訳が出来るとは限らない。なぜなら、さきほどから申し上げているように、英語で書かれた原稿に匹敵するだけの日本語の原稿を自分で新たに書き下ろすこと——これが翻訳という仕事だからです。

その結果、書かれた日本語が、翻訳どころか日本語の文章として何も語っていないということさえあるわけです。翻訳に限らず何も語っていない文章というのが、世の中にどれだけはびこっているか。わたくしだって、人のことは言えない。長い間やっていれば、どこかで手を抜いているかもしれない。その時の体調や、頭の働き具合で、翻訳の出来はおのずと違ってきます。しかし締切がありますから、とにかく、その時その時、最善の努力をして完成させる。そして本にする時に、あらためて文章のすべてを吟味する。

翻訳が、あくまで独立した一個の作品であることを忘れないでください。何度も言うようですが、読者はなにも原文と比較しながら、うん、これは、いい翻訳だ、なんて評価するわけじゃないんです。読者は常に翻訳の日本語だけを読んで、それを、たとえばドナルド・キーンの作品として評価するわけです。

そういえば、キーンさんと一緒に『明治天皇』という作品で毎日出版文化賞というのを戴いたことがあります。『明治天皇』はキーンさんが雑誌のインタビューに答えて、「これが、わたしの代表作です」と言った作品です。たしか、それまでは、少なくともわたくしには、『日本文学史』が自分の代表作だと言っておられました。つまり、『明治天皇』を書くことで、ドナルド・キーンは変わったんだ、と、その時、思いました。何が、どう変わったかは、それについて原稿を一つ書いてみなければわかりません。つまり、先ほど申し上げたように、具体的に書くという作業をしてみなければ、わたくしにもわからない。

毎日出版文化賞を戴いた時、わたくしもキーンさんに続いて、スピーチをさせられました。わたくしが言ったのは、こういうことでした。「キーンさんの素晴らしい英文を素材にして、まるで自分が日本語で原稿を書き下ろしているような気分で書いた」と。

舞台から降りて、キーンさんの隣の席に戻ると、キーンさん、小声で次のように褒めてくださいました、「翻訳の定義のような、素晴らしいスピーチでした」。つまり、原文を素材にして、自分の言葉で新たに書き下ろすということ――これが、まさにキーンさんにとっても「翻訳の定義」だったわけです。

キーンさんのお仕事に即して言えば、これは英語と日本語が逆になりますね。たとえば三島由紀夫の『サド侯爵夫人』という日本語で書かれた芝居を素材にして、キーンさんは、ご自分の英語で、英語の芝居として新たに書き下ろす、ということになります。芝居の場合は読むだけの小説や批評と違って、舞台で俳優が実際にセリフをしゃべるわけですから、「書き下ろす」という意味の重さが実感としてわかりやすい。

たとえば、小説や批評の翻訳なら、わからないのは読者が悪いからだ、と言い訳することも可能です。しかし舞台でセリフをしゃべって、笑うべきところで観客が笑わなければ、あるいは反応すべきところで観客が反応しなければ、そんなものは翻訳どころか芝居ではないわけです。

あくまで翻訳ですから、いくら書き下ろしと言っても素材と違っていたら、勿論だめですし、そんなものは問題外です。ここのところ、誤解しないでくださいね。勝手に書き下ろすわけじゃないんです、別の言語で自分で新たに書き下ろす覚悟でやる、ということです。そうでないと翻訳にさえならない、ということです。この微妙な書く努力に、すべてが掛かっています。一語一語の正確さにこだわる英文和訳とは、次元の違う話なんです。

キーンさんの英語の特徴を一口で言うと、無駄なく、簡潔で、わかりやすいということです。こう言うと、いかにも簡単に翻訳出来そうな印象を与えてしまいます。ところが、わたくしの経験から言えば、これが翻訳するのに一番厄介な素材です。キーンさんの原文と同じく、無駄なく、簡潔で、わかりやすい日本語を書くということ――これが、一番難しい。

たとえば、いかにも気取って書かれた、ごてごてと、ややこしい原文なら、いくらでも誤魔化すことが出来ます。あるいは、少しぐらい間違えても読者にはわからない。ところが、無駄なく、簡潔に書かれている英文と同じように、無駄なく、簡潔な日本語で書くこと――これが、一番難しい。まったく誤魔化しが利かないからです。ちょっと手を抜けば、その呼吸で読者にすぐわかってしまいます。

たとえば翻訳ということを抜きにして、ご自分の文章を書くことだけ考えてみてください。いったい、どれだけの人が、無駄なく、簡潔で、わかりやすい自分の文章が書けるか？　文章は、もちろんわかりやすければいい、というものではない。しかし、まず、わけのわからない文章に対しては、このように定義するほかない。ぜひ、これは翻訳ということと関係なく、日々、心掛けて、自分の文章で試してみてください。自分は日本人だから日本語が出来る、なんてバカな思い込みは、まず捨てることです。

4

キーンさんご自身の翻訳について、ちょっと触れておこうと思います。川端康成の『雪国』という、誰でも知っている有名な作品があります。翻訳をなさったのは、キーンさんの友達のエドワード・G・サイデンステッカーさんです。冒頭に、「国境の長いトンネルを抜けると雪国であった。夜の底が白くなった。」という有名な一節があります。サイデンステッカーさんは、この「夜の底が白くなった」を次のように訳しました。

The earth lay white under the night sky.

「夜空の下に大地が白く横たわっていた」というわけです。実に英語らしい、簡潔で、わかりやすい文章です。これで十分ではないか、と思います。ところが、キーンさんの『日本文学史』の「川端康成」の章を英文で読んでいたら、引用文がこうなっていました。

The depths of the night had turned white.

まさに、「夜の底が白くなった」そのままです。この場合、「夜の底」をthe bottom of the nightとやれば不自然です。bottomというのは、こういうペットボトルのような物体の底に使います。夜は物体でなく空間の拡がりですから、bottomは使えません。そこでキーンさん、考えた末に、depthsという言葉がひらめいた。deepの名詞形ですから、奥深いところ、ずっと底の方、という意味です。「夜の底」のイメージは、完璧に出ています。

キーンさんは、もちろん、サイデンステッカーさんの訳は名訳だ、と言っていました。事実、『雪国』とか『千羽鶴』とか『伊豆の踊子』とか、サイデンステッカーさんの英訳が、どれも素晴らしかったから、川端康成はノーベル文学賞をもらえたわけです。翻訳が独立した作品だという意味は、このことでもわかると思います。スウェーデンのノーベル文学賞の選考委員の中には、川端の作品を日本語で読める人は誰もいない。だから、いちいち原文と照らし合わせて、うん、これは、素晴らしい翻訳だ、なんて比較するわけじゃない。あくまでサイデンステッカーさんが川端の作品を素材にして英語で書き下ろし、それを独立した英語の作品として読んで文句なく素晴らしいから、川端はノーベル賞をもらったんです。

ただ、キーンさんにしてみれば、「夜の底が白くなった」という言葉の組み合わせが捨てがたかった。川端さん独特の、この日本語の表現を、英語でもなんとか生かしたかった。そこで、『日本文学史』の中に『雪国』の冒頭部分を引用した時に、あえてご自分の訳を試みた、ということでしょう。

こういうことは、逆に、英文からの翻訳でも起こり得る例です。どちらも、名訳であることに変わりはない。これは皆さんが翻訳の仕事をする上で、いずれ経験なさることです。

最後に、翻訳ということでキーンさん、おもしろいことを言っているので紹介しておきます。泉鏡花の文章についてです。新潮選書の『日本文学を読む』の中に入っています。これは、キーンさんご自身が日本語で書いた一冊です。今でもある新潮社のPR誌の「波」という雑誌に、8ポイントの小さな活字で、ぎっしり見開き二ページで連載されました。

キーンさんが最初から日本語で書いたということは、日本の読者だけを頭に置いて書いたということです。だから日本語としての微妙な表現に触れていて、なかなかおもしろい。つまり、英語で書いた『日本文学史』では書けないような、キーンさんご自身の日本語に対する好みというか、思いが語られています。「泉鏡花」の章で、鏡花の文章に触れたところだけ、ちょっと読んでみます。

章の後半で、ご自分が好きな『湯島詣《ゆしまもうで》』の一節を引用しています。「爾時《そのとき》、黒縮緬《ちりめん》の一ツ紋。お召《めし》の平生着《ふだんぎ》に桃色の巻つけ帯、衣紋《えもん》ゆるやかにぞろりとして、中ぐりの駒下駄《こまげた》、高いので丈《せい》もすらりと見え、洗髪《あらひがみ》で、濡手拭、紅絹《もみ》の糠袋《ぬかぶくろ》を口に銜《くは》へて、鬢《びん》の毛を掻上《かきあ》げながら、滝の湯とある、女の戸を、からりと出たのは、蝶吉で……」。蝶吉というのは、主人公の芸者の名前です。

この引用の後で、キーンさん、次のように書きます。

訳者は、正気の人間なら、こんな文章の翻訳を諦めるだろう。普遍性に乏しいかも知れないが、読むと、日本語という国語があることに感謝する他はない。

さらに別の作品について、次のように書いています。

『歌行燈』は鏡花の大傑作だろうが、この場合でも翻訳は無理だと思う。能独特の陶酔を生かした作品であり、役者が最後の一つの足踏みで世界を消すように、読後のわれわれの批評をさえぎる完璧さがある。

鏡花の作品の幽霊や変化《へんげ》も有名であるが、『高野聖《こうやひじり》』のような全集作品よりも、『眉かくしの霊』に魅力を感じる。神秘な蟇《ひき》や蝙蝠《こうもり》もいいが、平凡な田舎の旅館の洗面所から聞える気味の悪い水の音にぞっとする。そして、最後のところ、料理番が自分と変らない幽霊を見る場面は怪談の絶頂のように思う。

そして、最後に、次の一節が来ます。

こんなに鏡花の小説にほれている私に、「翻訳する意志はないか」と問われたら、返事は簡単である。「とんでもない、この快感を得るために三十年前から日本語を勉強したのではないか」と。

お互いに翻訳できない世界があるということは、多かれ少なかれ、皆さんもご存知だと思います。むしろ、なんでも翻訳できると思っているのは、ただの錯覚かもしれませんし、事実、錯覚でしょう。しかし、それを十分承知の上で、それでも、なんとか伝えたいものがあったら、どうするか？　錯覚かもしれないけれども、もし伝わるものが少しでもあれば、あえて翻訳を試みる。あるいは逆に翻訳という作業を、きっぱりと放棄する、というか断念する。キーンさんが、いつも、そういう二つの言語の緊張の中で翻訳していたということ。そして、これは翻訳の一般論ではなくて、皆さん一人ひとりの個人の感受性の問題です。

もう一つ、この最後の一節からわかる大事なことがあります。わたくしは、さっき、キーンさんの仕事の本質の話をしました。つまり、日本語がわからない外国人の読者に英語で日本のおもしろさを伝えることだ、と言いました。

しかし、それをするためには、今、最後の引用文に出て来たように、まず、自分が対象に惚れることが大事です。惚れなければ、見えてこないものがあるんです。惚れた人にだけ相手は本性を現わす。文学作品の場合、まず、作品に動かされなければ何も始まりません。その作品に心を動かされなければ、見えてこないものがあるんです。作品というのは、あくまで「言葉の働き」ですから、その働きに、まず動かされることが必要です。この一番大事な手順を抜かして、いくら活字だけ外側から冷静に眺めていたところで何も見えてこない。だから、それが見えた段階で、キーンさんは満足してもよかったわけです。そこに書かれているように、翻訳なんかする必要はなかった。しかし彼は、優れた学者であると同時に、根っからの優れた教育者でした。だから、どうしても、それを自分だけのことにしておけなかった。自分が摑んだことを、誰かに伝えたかった。だから、次から次へと英語で原稿を書いた。あるいは、好きな作品だけ可能な限り翻訳した、それだけのことなんです。

なんであれ、ここがすべての仕事の出発点です。文学では、まず惚れることが大事で、すべてはそこから始まるわけです。男と女の間でも、惚れた相手と惚れない相手とでは、見えてくるものが違ってくることは皆さんでもわかっているはずです。

では、このへんで。どうも、ありがとうございました。

（二〇二二年十一月二十四日）

第四部　評伝を読む

晩年の「評伝」三作を読む——明治天皇、渡辺崋山、正岡子規

『日本文学史』全十八巻（中公文庫）を完成させた後、ドナルド・キーンは明治天皇（二〇〇一年）を皮切りに、足利義政（二〇〇三年）、渡辺崋山（二〇〇七年）、正岡子規（二〇一二年）、石川啄木（二〇一六年）と立て続けに評伝五作を発表した。崋山と子規の間に発表された『日本人の戦争　作家の日記を読む』（二〇〇九年）も、いわばキーン自身が関わった太平洋戦争における「日本人」の評伝と言っていいかもしれない。

『日本文学史』が完成するまでのキーンは、「文学史」が自分の代表作であると考えていたようだった。事実、筆者にもそのように語っていたし、日本のジャーナリズムも、これをキーンの「ライフワーク」と呼んでいた。

しかし、構想から二十五年かけて『日本文学史』を完成させたキーンは、初の評伝『明治天皇』に挑んだ。そして五年四ヶ月かけて月刊誌「新潮45」にその翻訳が連載され、それが

菊判上下二巻の本になった時、キーンは新潮社の「波」のインタビューに応えて、「これが私の代表作です」と言った。『明治天皇』を書いたことで、キーンは変わったのだろうか？そう、明らかに変わった。

自分なりの日本文学通史を書き終えたことで、ドナルド・キーンは日本のジャーナリズムが自分に与えた肩書——すなわち「海外の日本文学研究の第一人者」という長年の足枷から解き放たれ、晴れて自由の身になったのではないか。英語版『日本文学史』は、キーンが書くまでは明治三十二年（一八九九）に出たW・G・アストンの力作、*A History of Japanese Literature* しかなかった。そして、すでに戦後の昭和二十四年（一九四九）の時点で、二十七歳の若きキーンはこのアストンの文学史を「古くて明治時代の僻見《へきけん》くさい」と親友の横山正克への書簡に記し、自ら「日本文学史」を書くことを宣言している。

思うに、先達アストンの衣鉢を継ぎ、英語で日本文学通史を書くという「やらなければならない」仕事の束縛から二十五年ぶりに解放されたキーンは、『明治天皇』を書くことで「やりたいことをやる」評伝の世界へと新たな一歩を踏み出したのだった。

1

キーンが最初に評伝の対象として選んだのは、しかし評伝を書くには最も手ごわい、というか極めて厄介な相手だった。たとえば『明治天皇』終章に、次の一節がある。

伝記作者の務めは、その対象を眼前に蘇らせることにある。ヘンリー・ジェイムズの名高い伝記作者レオン・エデルがかつて言った言葉に、伝記作者はその対象に「惚れ込まなければならないというのがある。明治天皇に惚れ込むのは難しいことで、これは最も打ち解けた瞬間でも自分や先祖のことが念頭を離れず、しかも自分の感情をめったに表わさない人物なのである。（以下、単行本から引く）

執筆中のキーンは、手に入る限りの膨大な資料をかき集め、あれこれ調べて書くのがおもしろくて仕方がないという様子だった。長年親しんできた古今の文学者でなく、当の対象自体が形も定かでなく、しかも日本の歴史家でさえほとんど手をつけていなかった「天皇」の伝記ないしは評伝を書くこと——「あとがき」は当初の意気込みを、自ら日本語で次のように書いている。

……思い切って「明治天皇紀」全十三巻を買って読み始めた。読めば読むほど面白く思った。私はもともと歴史家ではなく、ずっと文学をやってきたが、「日本人の西洋発見」という徳川中期の蘭学の研究書を出したこともあり、以前から明治時代の文化史に深い関心があったので、或いは今までなかったような明治天皇の伝記を中心にした明治時代史を書けるかもしれないと思った。明治時代を扱う研究書に明治天皇に全然触れないものがかなりあると以前から不満に思っていたから、私はなるべく明治天皇にピントを合わせることにした。

キーンが意図していたのが、あくまで「明治天皇にピントを合わせ」た「明治時代史」であったことを記憶にとどめておこう。そして公式記録『明治天皇紀』全十三巻（最終巻は索引）を「読めば読むほど面白く思った」というキーンの感想は、そのままドナルド・キーン『明治天皇』の読者の感想でもあったに違いない。なにしろ、まだ本が書店の店頭に並ぶ前に版元が重版を決めた一冊三二〇〇円の本は、たしか上下巻合わせて部数が六万部を超え、四分冊の文庫化を機にさらに版を重ねたのである。

序章は言う。

私がこれから試みようとするのは、何世紀にもわたって西洋との接触をほとんどすべて拒否してきた国に生まれながら、その国が世界の列強の一つへと変貌を遂げていくばかりでなく国際社会を形成する一国として成長していく姿を生涯を通じて見守ってきた一人の人物——明治天皇を発見することである。（傍点引用者）

キーンは「むしろ手に入る材料が多すぎるため、行き届いた伝記を書こうとする学者に唯一必要なものは忍耐であるということになるかもしれない」と、同じ序章で述べている。『明治天皇』が成功しているとすれば、それはおそらく緩慢とした宮中の儀式の世界と、その外で絶え間なく動きつつあった世界の動きを「天皇紀」にならって交互に記述しつつ、歴史の事実そのものを「忍耐」強くなぞったことにあった。そして「天皇紀」の記述から自在にはみ出して行くキーンの関心がどこへ向けられたかは、巻末に掲げられた内外の参考文献四〇〇余の資料に明らかである。そして何より注目すべきは、読者の興味を喚起してやまない「註」の書きぶり（！）だった。引用の出典を明示するのみならず、本文と同等の緊張感で展開して行く「註」の記述にこそ、学者ドナルド・キーンの本領があった。（一例を挙げれば、孝明天皇の死をめぐる第十一章の註6。毒殺説の急先鋒であるねず・まさしの「いささか芝居がかった調子」の論考の批評に始まり、コロンビア大学の恩師・角田柳作から聞いたという孝明天皇暗殺の「一挿話」が最後に登場する。）

しかし、序章で宣言されたごとく、果たしてキーンは首尾よく明治天皇を「発見」出来たのか？　それは、原稿を書き上げたキーンにとっても、定かではなかったようである。なぜ明治天皇は、日記もつけず、手紙もほとんど書かず、しかも周囲に対してめったに自分の感情を表わさない人物だったのだから——。キーン自身、書きながら隔靴《かっか》搔痒《そうよう》の感があったに違いない。事実、キーンは終章で「もし明治天皇のことを最もよく知る人々がその回想を書き留めるにあたって出し惜しみをしないでいてくれたなら、恐らく我々は天皇についてもっと違った印象を持つことになったのではないだろうか」と愚痴をこぼしている。

その一方で、「天皇を知る何人かの人々が書いているように、公に認め得る側面以外に明治天皇の側面というものはなかったのかもしれない」とキーンは指摘する。そして、「父孝明天皇と違って、明治天皇は怒りに身をまかせることがめったになかったし、勝手気儘や無責任と思われる振舞いに及んだこともなかった。明治天皇には何か内なる精神力といったものが備わっていたようで、そのため自らが作り出した行動の規範にあまり逸脱することなく従うことが出来たのだった」と続ける。

こうした明治天皇の性格を、キーンは第十九章で『論語』から「剛毅《ごうき》木訥《ぼくとつ》仁ニ近シ」の一節を引き、「意志が強く、容易に屈することなく、無欲で、飾りけのないこと、これ即ち、孔子の理想である仁に近い」と説く。

その「素顔」を発見するには直接の手掛かりがあまりにも少ない明治天皇と違って、自ら率直な書簡（宸翰《しんかん》）を数多く残した父・孝明天皇にキーンはとりわけ強い関心を示した。「生涯を通じて怒り続けていた天皇だった」と言い、「在位中に起きた事件のことごとくが孝明天皇を激怒させた」と言い、「それは単なる怒りというよりはむしろ、政治的社会的状況の急変を押し止めることが出来ない自分の無力に対するやり場のない鬱憤だった」（第一章）と、キーンは畳みかけるように記す。

たとえば安政五年（一八五八）、米国との条約締結（日米修好通商条約）を上奏した幕府に対し、若い頃から極度の「外国人嫌い」だった孝明天皇は、「譲位、即ち天皇をやめると言い出したのである」（第五章）とキーンは書く。そして孝明天皇は「恐らく、その即位に先立つ百年間に在位したいかなる天皇よりも天皇としての素質を備えていた。だからこそ、自分が演じざるを得ない天皇という役割に、ひいては天皇たる自分自身に苛立ちを覚えたのだった」と続け、孝明天皇に対して次のように強い共感の意を表している。

……この時期の孝明天皇の一連の書簡を忘れがたくしているのは、そこに苦悩に苛まれている一人の人間がいるという強烈な印象である。（中略）少なくとも過去数百年間に、天皇という輝かしい称号を持ちながら、かくも苦い鬱屈感と無力感を公然とさらけ出した天皇はいなかった。孝明天皇は、すでにして悲劇の人物だった。この時期からその凄惨な最期に至るまで、孝明天皇は怒りと絶望から心の休まる暇とてなかった。日本史上、これに匹敵する天皇を求めるならば、いずれも配流の憂き目を見た後鳥羽天皇、後醍醐天皇まで遡らねばならない。自分の運命が手にあまるということに気づいていた点では、少なくともシェイクスピアの描くリチャード二世が孝明天皇に極めて酷似している。

重ねて、「宸翰に自ずと姿を現わした孝明天皇は、読む者の心を打たずにはおかない。外から強いられた変革の時代に、急速に通用しなくなりつつあった数々の伝統。その伝統に育まれ、成長した一人の聡明な人物が、ここにいる」と記す。もし本書で意図されたテーマが「明治天皇にピントを合わせ」た「明治時代史」でなかったなら、おそらくドナルド・キーンは幻の力作評伝『孝明天皇』一巻を嬉々として書き上げていたのではないか。「外国人嫌い」で知られた孝明天皇に対するキーンの思い入れには、それほど強いものが感じられる。

そして、その孝明天皇が謎に包まれて死ぬ。「学者の間では孝明天皇の死因を疱瘡とする者と毒殺とする者とで、意見が真っ二つに分かれている。しかし、孝明天皇が疱瘡に罹ったという事実そのものに異議を唱える学者は一人もいない」とキーンは指摘し、病死説の急先鋒である原口清「孝明天皇の死因について」が掲載されている小冊子(「明治維新史学会報」第十五号、一九八九年)をたまたま古書店で手に入れたキーンは、当時の資料(その中には、毒殺説を主張する学者が証拠として挙げている文書も含まれている)に記録されているあらゆる証拠を原口説に沿って徹底的に吟味した挙句、次のように書く。

……原口の結論によれば、孝明天皇の死は紛れもない疱瘡死だった。従って、もとより毒殺の下手人もいなければ、その背後で毒殺を操った人物もいない、と。いつの日か、孝明天皇の遺体に砒素中毒の形跡があるかどうか検分することが許されでもしない限り、孝明天皇の死の真相は解明されそうにない。

さて、明治天皇である。

侍従その他の回顧録の記述に対して数多くの「矛盾」を指摘しつつ、キーンは酒好きな天皇、乗馬に打ち込む天皇、感情を顔に出すことのなかった天皇、また難儀な全国巡幸にも不平を洩らさず、しかも一人になるという息抜きさえ許されなかった若き明治天皇の姿を描き出す。そして、おそらく「日本の天皇を間近で見た最初の外国人」と思われる英国公使パークスと通訳のミットフォードに触れ、日本人の側近からは期待出来ない率直さで天皇の印象を語るミットフォードの回想録の一節を引く。

「我々が部屋に入ると、天子は立ち上がって、我々の敬礼に対して礼を返された。彼は当時、輝く目と明るい顔色をした背の高い若者であった。彼の動作には非常に威厳があり、世界中のどの王国よりも何世紀も古い王家の世継ぎにふさわしいものであった。彼は白い上衣を着て、詰め物をした長い袴は真紅で婦人の宮廷服の裳裾のように裾を引いていた。被りものは廷臣と同じ烏帽子だったが、その上に、黒い紗で作った細長く平らな固い羽根飾りをつけるのがきまりだった。私は、それを他に適当な言葉がないので羽根飾りと言ったが、実際には羽根のような物ではなかった。眉は剃られて額の上により高く描かれていた。頰には紅をさし、唇は赤と金に塗られ、歯はお歯黒で染められていた。このように、本来の姿を戯画化した状態で、なお威厳を保つのは並大抵のわざではないが、それでもなお、高貴の血筋を引いていることがありありとうかがわれていた。付け加えておくと、間もなく若い帝王は、これらの陳腐な風習や古い時代の束縛を、その他の時代遅れのもろもろと一緒に、全部追放したということである」（第十五章）

ここでミットフォードが「羽根飾り」と呼んでいるのは、おそらく天皇であることを示す「立纓《りゅうえい》の冠」のことである。場合によってキーンは、若き日の天皇に対して次のように想像力をめぐらす。たとえば、天誅組に参加した若き叔父・中山忠光について、「一人の若い公家が、父の反対と伝統の重圧をものともせず、自分の憎む体制を転覆すべく生命を賭けて突っ走っていった姿は、やがて天皇となるべき少年の血を或いは騒がせたかもしれなかった」（第八章）と書く。また、若くして有名な「小御所会議」に出御《しゅつぎょ》した天皇について、キーンは次のことを指摘する。

……明治天皇は確かに若いとはいえ、十五歳の男子だった。政治的意見を持つことが出来ないほど幼くはなかった。かつて孝明天皇は、息子の睦仁《むつひと》にひどい苛立ちを覚えたことがある。その理由が長州びいきの母方の祖父、ないしは大奥の女官たちに吹き込まれた睦仁の過激な攘夷思想、また反幕感情であった可能性は十分にある。大事なのは小御所会議を通じて明治天皇が終始そこに居た、という事実である。火花を散らす討議の一部始終が、強烈な印象を残さなかったはずがない。（第十四章）

またキーンは、天皇が語ったという数少ない「人物評」を資料の中から拾い出す。たとえば日露戦争時の乃木希典《のぎまれすけ》について、侍従日野西資博《ひのにしすけひろ》の回想から引いて次のように述べる。

……日露戦争の間、天皇は部屋に暖房を入れることを許さなかった。また食事と睡眠の時を除いて終日、天皇は執務室に出御していた。日野西によれば、特に天皇の心を悩ました出来事は旅順の包囲だった。天皇は、「旅順はいつか陥落するにちがひないが、あの通り兵を殺しては困つた。乃木も宜《よ》いけれども、ああ兵を殺すやうでは実に困るな」と述懐したという。（第五十四章）

さらに別のところで天皇に殉死した乃木の遺書に言及し、「西南戦争の時に軍旗を失ったことを恥とし、ひそかに死処を求めその罪を謝そうとしたが、その機会を得なかった」と説き、一方で山路愛山『乃木大将』の記述をもとに、旅順で犠牲となった多くの将兵たちの責任を取ろうとした乃木に直接語りかけたという天皇の言葉を引く。

すでに日露戦争後の東京凱旋の日、乃木は自分が命じた旅順攻撃で死んだ多くの将兵の犠牲を償うため割腹して詫びたい旨、天皇に申し述べた。天皇は、最初は何も言わなかった。しかし乃木が退出しようとした時、呼び止めて次のように沙汰した。「卿が割腹して朕《ちん》に謝せんとの衷情は朕能《よ》く之を知れり。然れども今は卿の死すべき秋《とき》に非ず。卿若《も》し強いて死せんならば宜《よろ》しく朕が世を去りたる後に於てせよ」と。（第六十二章）

ところで連載開始に先立つこと十年前の昭和六十年（一九八五）、キーンは「新潮45」五月号に「『明治天皇伝』への熱烈探究」（徳岡孝夫訳）というエッセイを書いている。その文中に、次の一節がある。

去年、私は九世紀の円仁から幕末の川路聖謨に至る約千年間の日本人の日記を調べて『百代の過客』（朝日新聞社刊）を書いた。これまであまり文学的価値を認められなかった日記にも目を通し、その中に永遠に記憶さるべき一瞬を発見したときには、心の躍る思いがした。（傍点引用者）

『明治天皇』より早く、キーンが『日本文学史』と併行してその番外篇ともいうべき日記文学の研究『百代の過客』を書いていたことに読者の注意を促しておきたい。もとよりキーンと日記との出会いは古く、それは日本研究を志す前の戦時中にさかのぼる。誤解を恐れずに言えば十八歳の時にウエーリ訳『源氏物語』との出会いがあったとはいえ、キーンが最初に影響を受けた日本人の「作品」は、自ら翻訳した芭蕉でも近松でも兼好法師の『徒然草』でもなく、戦時中の兵士たちの日記だった。『日本文学史』で古代から現代まで広く読み解くことになる洗練された文学作品の言葉以前に、キーンは無名の兵士たちの日記に、まず「日本人」を感じ取った。

ある日、押収された文書が入っている大きな木箱に気づいた。文書からは、かすかに不快な臭《にお》いがした。聞いた説明によれば、小さな手帳は日本兵の死体から抜き取ったか、あるいは海に漂っているところを発見された日記だった。異臭は、乾いた血痕から出ていた。手帳に触れるのは気味悪かったが、注意深く血痕のついてなさそうな一つを選び出して、翻訳を始めた。最初は、手書きの文字が読みにくかった。しかし、今まで訳していた印刷物や謄写版《とうしゃばん》で刷られた文書と違って、これらの日記は時に堪えられないほど感動的で、一兵士の最後の日々の苦悩が記録されていた。（中略）

……私が本当に知り合った最初の日本人は、これらの日記の筆者たちだったのだ。（『ドナルド・キーン自伝』、拙訳、中公文庫）

不満ばかりを口走る同胞のアメリカ人兵士と違って、読みにくい手書きの文字で「時に堪えられないほど感動的」な日記を書く日本人兵士たち――『日本文学史』を書き終えたキーンが、初心に立ち返って『明治天皇』で書きたかったのは、おそらく一兵士であると天皇であるとを問わず、これらの日記に記された素朴で賢明で忍耐強い「日本人」そのものだったのではないか。「天皇紀」はもとより身近な人々による回顧録の記述からして、明治天皇はいかにもその対象にふさわしい人物とキーンには思われた。しかしこの「日本人」は、残念ながら日記もつけなければ手紙もほとんど書かない人物だった。先のエッセイの最後の二段落は、次のように終わっている。

ビクトリア女王は十八歳で即位したが、明治天皇は即位のとき十五歳にすぎなかった。しかも、当時の日本の置かれた状況は、ビクトリア朝初頭のそれに比べると、まさに狂瀾怒濤だった。天皇は、一日も早く一人前のおとなに成長しなければならなかった。そして、彼の治世の間に日本が体験した変動は、いかなるヨーロッパの君主も知らないほど激しかった。明治天皇の生涯は、その一節ごとに劇的な要素をはらんでいる。さらに彼の死は、日本の社会に深甚な影響を与えた。当時の日本人が受けた打撃を、われわれはいまなお、彼らの書いたものからうかがうことができる。

明治天皇の伝記は、必然的に、近代国家へと変貌していく日本の文化史にならざるを得ないだろう。野心的な事業である。いわゆる「ライフ・ワーク」を書き終えた人間が手がけるには、あまりに野心的すぎるかもしれない。だが、私は、書き始めることのできる日を、熱烈に待っている。

「まさに狂瀾怒濤」の時代と言い、「治世の間に日本が体験した変動は、いかなるヨーロッパの君主も知らないほど激しかった」とキーンは書く。そして執筆前からキーンは、明治天皇の伝記が「必然的に、近代国家へと変貌していく日本の文化史にならざるを得ない」ことを自覚していた。

おそらく『明治天皇紀』を読み解きながら、キーンは明治という時代の「歴史」に否応なく着目せざるを得なかった。「天皇紀」を読むこと自体が、キーンにとっては「発見」の連続だった。それは祐宮《さちのみや》（明治天皇）誕生にまつわる儀式の一部始終を、好奇の眼差しで逐一追って行く第二章の筆致を見ればわかる。また日露戦争のくだりで、キーンは暴君ニコライ二世と反目していたロシア政府の最有力者で大蔵大臣を務めたウィッテ伯爵の回顧録に読みふけり、またフランス外務省の外交官パレオローグの日記を丹念に読み解いていく（第五十二、五十三、五十四章）。

明治天皇の「素顔」を探りつつ、実は、明治の歴史そのもののおもしろさにキーンは心を奪われてしまったのではないか。時代の流れに沿って謙虚に天皇の伝記を書き始めたものの、鎖国から開国へと目まぐるしく変転する明治日本——その時代の動きそのものを語りたいという誘惑から、おそらくキーンは逃れることが出来なかったに違いない。

天皇が大好きだった西郷隆盛を西南戦争で失い、頼りにしていた木戸孝允、大久保利通が相次いで死に、いわゆる「維新の三傑」が消えた後、黒田清隆開拓長官をめぐる不正事件で知られる「明治十四年の政変」を機に、それまでひたすら受け身に徹してきた明治天皇が、積極的に語り始めるようになる。たとえば、侍従の荻昌吉が伝える天皇の次の人物評。

「黒田（清隆）参議は何かというと大臣に強要し、望みのものが手に入るまで執拗に迫る癖がある、実に厭な男である。西郷（従道）参議はいつも酒気を帯びていて、何を問われても訳のわからないことを言う。川村（純義）参議は数年前、英国議会のリード議員が来日した際に接待役を務めたが、朕の意にそぐわぬことばかりした。黒田は思うように事が運ばないと、いつも病気と称して引き籠もってしまう。西郷と川村も、黒田の尻馬に乗って出てこない。実に理解に苦しむ」（第三十四章）

荻は続けて「井上（馨）参議は狡猾である、と嫌っておられた。他にも例えば大木（喬任《たかとう》）は、このたびの御巡幸でまるで木像のようだったと評された。陛下が信用なさっていたのは、伊藤（博文）参議だけだった」と語る。これを受けて、キーンは次のように書く。

この時期を境に、我々は明治天皇の肉声を聞くことが出来るようになる。型通りの勅語の言い回しでなく、これまでもっぱら耳を傾ける側にまわっていた一人の人物が自ら話す側にまわる時が来たと決意したかのように、それは天皇独自の響きを帯びていた。（傍点引用者）

しかし、それでもなおキーンが最後に指摘したのは、天皇の「最大の功績」が「かくも長きにわたって君臨したことだった」（終章）という事実だった。そして、「もし明治天皇が、父孝明天皇のように三十五歳の若さで死んでしまっていたとしたらどうだろう。日本が様々な大変革を遂げた時代に、たまたま皇位に就いた若者として、かろうじて記憶に残ることになったのではないだろうか。しかし天皇の治世の長さと、天皇が徐々に築き上げてきた確固として不動の印象は、人々に畏怖を覚えさせるまでに神聖な威光を天皇に与えた」と続ける。

この一節はとりもなおさずキーンが書きたかったのが、明治天皇の生涯と同時進行で刻々と変貌していく「明治時代史」そのものであったことを暗黙のうちに語っている。おそらく評伝を書き始めたキーンは、やがて次のことに気づいたのではないか。明治天皇という一人の人物を「主人公」の位置に据えることで、その「時代史」の記述に他の方法では得られない絶妙な統一感が得られる、と。事実、キーンは明治の歴史を叙述しつつ、その時代を常に見守っていた明治天皇の「素顔」に繰り返し立ち返ることで、「狂瀾怒濤」の歴史そのものを手際よく、淡々と描き出すことに成功している。こんなうまい方法があることに、なぜ今まで誰も気づかなかったのだろう、とキーンが執筆中に誇らしげに一人つぶやいたとしても少しもおかしくはない。

2

『渡辺崋山』序章の冒頭近くに、次の一節がある。

……私が最初に崋山の名前を知ったのは、たしかジョージ・B・サンソムの「西欧世界と日本」だったと思う。特に心を打たれたのは、獄中の悲惨な生活を描いた数枚のスケッチで、私は崋山についてさらに詳しく調べたいと思った。しかし当時(一九五〇年頃)は、サンソムの著作の五ページがヨーロッパの言語で発表された崋山に関する文章としては最長のものだった。

崋山に惹かれた発端が「数枚のスケッチ」にあったことは、あるいは評伝『渡辺崋山』のテーマを象徴しているかもしれない。もとより崋山に対するキーンの関心が、一九四七年の修士論文で扱った本多利明の研究に繫がるものであることは間違いない。ちなみに、この論文は一九五二年に刊行され、五七年に藤田豊・大沼雅彦訳で翻訳が出ている。しかしのちに二章を追加して改訂され、一九六八年に芳賀徹訳『日本人の西洋発見』として刊行された。英語版が出たのは、翌六九年である。『渡辺崋山』の原題が、*Frog in the Well*「井の中の蛙（大海を知らず）」であることから見ても、明らかにキーンが書きたかったのは、蘭学によって自分の世界を広げ、「井の中の蛙」にならずに済んだ崋山という人物だった。

しかし『日本人の西洋発見』は、あくまで本多を始めとする洋学者たちの「研究」であって「評伝」ではなかった。ならば、新たに評伝『渡辺崋山』でドナルド・キーンはいったい何が書きたかったのか、いや、具体的に何を書いたか。

渡辺崋山は江戸で生まれ、江戸で育った。「当然のことながら崋山は、自分の故郷は田原でなく江戸と思っていた。晩年、藩士本来の居住地である田原に蟄居させられるまでは、この無味乾燥な半島を訪ねたのは四度だけで、それもだいたいが数日程度の滞在だった」（第二章）とキーンは書く。

長じて崋山は、江戸に居ながらにして三河国渥美郡田原藩の年寄役末席で海防事務掛となった。そして崋山は、あくまで儒者だった。蘭学書に親しんだとはいえ、自身オランダ語に通じていたわけではない。もっぱら友人の小関三英や高野長英に翻訳してもらい、読み解いていた。学者として自らオランダ語を身に着けるには、崋山はあまりに藩政改革に多忙だった、とキーンは指摘する。しかし、その蘭学の知識をもとに草稿「慎機論」「外国事情書」を書き、その中で幕府の体質を「井の中の蛙」と批判したことが発覚した。崋山は告発されて獄に繋がれ、果ては田原の「在所蟄居」となった。

若くして崋山は、「画家」としても広く知られていた。「崋山の属する田原藩は、極めて貧しかった」とキーンは書き、崋山の父・渡辺定通は上士階級であるにも拘わらず「貧窮の生涯を送った」（第二章）と続ける。十五歳になった崋山は、すでに絵の才能を示していた。家族を窮乏から救うために、崋山は画家・金子金陵の弟子となり、のちにその師である高名な谷文晁《ぶんちょう》にも教えを受けることになる。「そのうち、初午《はつうま》燈籠の絵を描く仕事を見つけた。百枚描いて、銭一貫だった」（序章）とキーンは書く。

父が死んで四年後の文政十一年（一八二八）の日記に、崋山は次のように記している。（現代語に直した拙訳で引く。崋山の日記および書簡からの引用は以下同じ。）

……一日画を描くことが出来なければ、一日私の貧乏が増すだけである。窮するのは、私だけではない。上には養うべき母と祖母がおり、下には愛情を注ぐべき弟や妻がいる。私の画は農夫にとっての田畑、漁夫にとっての漁場のようなものである。これを嘆かずにいられようか（第二章）

また崋山二十一歳の文化十二年（一八一五）一月の日記から、キーンは「崋山は初午の画だけでなく扇面、さらにまったく意外なことに春画まで描いている。日記の十八ヵ所にわたって、『春画』を借り出して模写した事実が出てくるし、おそらく同種のものを指していると思われるが『合歓図』についてもそれ以上の回数触れている」と指摘する。若くして謹厳実直な儒者であったにも拘わらず、崋山は家族を貧窮から救うために、ひたすら売るために画を描かざるを得なかった。そして、こうした画の数々が崋山の比類ない才能を引き出すことになる。

「崋山は、絵画の技法に関する自分の知識に自信を持つあまり、二十代半ばにしてすでに蕪村や応挙のような風俗画の大家を批判する資格があると思っていた」（第三章）とキーンは指摘し、その「自信」の具体例を風俗画のスケッチの傑作「一掃百態」に見る。

「一掃百態」の中心部分に入ると、とたんにページに活気がみなぎってくる。（中略）とりわけ効果を上げている一ページは、まず上方にいかにも庶民の特徴である金魚売りが描かれている。金魚売りは口に煙管《キセル》をくわえ、手には網を持ち、金魚の桶を前にして地面にあぐらをかいている。小さな子供が金魚売りに金魚を入れてもらう器を差し出していて、そのうしろから子供を見守るように父親が少し身をかがめている。すぐ右上の絵では、赤ん坊を抱えた子守り女が二匹の亀を眺めていて、亀は逃げようともがくので紐で箱に結わえつけられている。中央には、蒲鉾の入った籐の籠を持った男が歩いていて、その匂いを嗅ぎつけた犬が、籠の中を覗き込んでいる。左下では、二人の男が互いに擦れ違う。一人は糊の利いた裃を着ている武士で、一人は慌しそうに何か荷物を片腕にぶらさげている町人である。このページのS字形の構成は、それぞれ外見も表情も異なる人物から人物へと、見る者の眼を引きつける。

「一掃百態」の別の「生気に満ちている」ページを描写した後、キーンは次のように評価する。

その的確な細部の描写は、描かれた対象を崋山が確かに自分の眼で見ていたのだということを我々に納得させる。対象を素早く捉えるうまさ——初午燈籠の画を一気に描いていた時代に培われた崋山の技術が、各ページに描かれた人々の特徴を示す一瞬の動作や仕草を摑む能力となって躍動している。崋山はスケッチ用の冊子を、片時も離すことがなかった。

この「片時も離すことがなかった」スケッチ用の冊子は、当然のことながら崋山が残した旅日記ないしは紀行文で縦横に活躍することになる。たとえば文政八年（一八二五）の「四州真景」。キーンは挿絵として描いた三十の風景画に注目し、次のように書く。

……釜原《かまはら》の草原のスケッチは最も胸を打つものの一つで、（その小さな寸法にもかかわらず）見渡す限りなだらかに続く草原の広大さを伝え、そこではのんびりと馬たちが草を食《は》んでいる。ふつう山々が主体となっている日本の風景画では、空が重要性を帯びることはめったにない。しかしこの画の空は、オランダの風景画の空のように見る者の眼を引きつける。（第四章）

また、海辺に聳え立つ大きな岩を描く別の一群のスケッチについて。

……最も印象的な「浦中《うらなか》」には、脅威を感じさせるような大きな岩が、茶と暗緑色の濃淡で幾何学的に単純化されて描かれている。大胆な角度、垂直の側面、短刀の切っ先のような頂点、そして、岩と岩の間で砕ける波。もし大きな岩のふもとに、いかにも崋山の旅人らしい二人の小さな人物がいなければ、セザンヌと見間違えるところだ。崋山の先にも後にも絶えて類のない忘れ難い光景である。

一方でキーンは、崋山の描いた肖像画を絶賛する。たとえば文政四年（一八二一）に描いた儒学者・佐藤一斎の肖像画について、「崋山がそのために今日記憶されている肖像画の傑作、人によっては最高の折紙をつけている」と書き、次のように続ける。

……一斎像は、それ以前の日本の肖像画には見られない立体感ある力強い作品である。信じられないような速さで一気に仕上げられた「一掃百態」と違って、この肖像画はこれに先立って描かれた何枚もの画稿の末に初めて完成された。画稿第二では、一斎の顔はほとんど近寄りがたいほど厳しく見える。画稿第三では、その表情は笑みを漂わせて和らいでいる。画稿第十一になると、一斎の表情は哀愁を帯びて内気でさえある。完成稿（これだけは紙本でなく絹本に描かれている）の表情は意志強固で、眼は鋭い。場合によって前に描いた画稿の方が完成稿よりも生き生きと、より力強い効果を生みだしている。しかし完成稿は、佐藤一斎の風貌のみならず、儒教に対する信念の強さを伝えることに最も成功している。

この肖像画は、日本美術史に先例がない。（第三章）

崋山は人物の個性を引き出す写実的な肖像画を描くことを試みたが、先達から学ぶものは何もなかった。キーンは崋山の画の師である谷文晁に触れ、「確かに多くの作品において文晁の影響を受けているが、肖像画だけは違っていた。人物描写におけるリアリズムの探究に際して、自分を導いてくれる師も先達もいなかった崋山は、自ら実地に試みるほかなかった」と指摘し、「佐藤一斎の実像に達するまでの相次ぐ試みは、視覚に訴える現実感を得ることがいかに困難な道であったかを物語っている」と評価する。
あるいは画におけるこうしたリアリズムの探究が、蘭学を通じて世界のありのままの現実に対して崋山の眼を開かせたかもしれない。それにしても、崋山はヨーロッパの陰影法をどうやって学んだのか——キーンの疑問は、次のように展開する。

……かりに崋山がオランダの書物の中の銅版画、ないしは日本人画家の模写を通してヨーロッパ絵画の真髄に目覚めたのだとしても、今なお解明されていない事実は次のことである——誰からの特別な指導もなく、またオランダ絵画に直に接する機会もないまま、いかにして崋山は、日本美術史に前例のない肖像画を創り出すことが出来たのか?（第六章）

余談だが、キーンは天保九年（一八三八）に描かれた芸者お竹の肖像画「校書図」が好きだった。本文にも「肖像画のお竹は、横坐りの姿勢で口元に透けた団扇をかざし、垢抜けした感じと色っぽさの両方を備えている」（第七章）とあり、崋山が「美しい女」を描くのは大変珍しいです、と感嘆していたのを覚えている。崋山には、旅先で潮来の遊郭を描いたスケッチもある。「崋山は世慣れた人間で女遊びが嫌いというわけではなかった」（第四章）と、キーンは謹厳実直で知られる崋山の意外な一面に触れている。

生気に満ちた説得力ある肖像画の数々が描かれたのは、まさに外国船が日本近海にしきりと出没していた時期だった。海防事務掛の崋山は本気で蘭学に取り組み、すでに述べたように天保十年（一八三九）に「慎機論」「外国事情書」が原因で告発され投獄された。のちに世間から最高傑作と称賛された鷹見泉石、市河米庵の肖像画を描いた崋山は、それより早く師の松崎慊堂《こうどう》の有名な肖像画を描いている。しかしキーンが評伝で力説したのは慊堂の肖像画のことでなく、松崎慊堂という人物そのものだった。

崋山が獄に繋がれた時、崋山の漢学の師であった佐藤一斎は、崋山救済のため何も手を下そうとはしなかった。幕末三筆の一人と言われた市河米庵もまた、獄中の崋山と関わりたくないようだった。亡くなった息子の肖像画を形見として喜んだ滝沢馬琴もまた、今やしきりと崋山との無関係を主張した。誰もが小心にも崋山を見捨てて顧みなかった時、「一人、崋山を見捨てなかった儒学者は松崎慊堂である」（第十章）とキーンは書く。

崋山が死罪を免れ、寛大にも田原の在所蟄居と決まったのは、慊堂が老中首座・水野忠邦に上申した長文の「赦免建白書」のためだった。「慊堂は高齢（六十九歳）ならびに病身であったにもかかわらず、老骨に鞭打って崋山救済に力を尽くした」とキーンは書き、「忠邦が何より心を動かされたのは、尊敬すべき高齢の学者が一人の愛弟子を救うため、我が身をすりへらして焦心苦慮している姿であったに違いない」と続ける。

田原に蟄居した崋山は、慊堂に手紙を書き、洋学を捨てると誓っている。このくだりを執筆中のことだったか、キーンは筆者に次のように語ったことがある。なぜ、崋山は最後になって洋学を捨てたのか、なぜ東洋へ回帰したのか、その時の崋山の心の中にはいったい何があったのか――確かな手掛かりもなく、わたしにとっては永遠の謎です、と。

キーンが指摘するように、リアリズムを提唱していたにも拘わらず、崋山の蟄居中に描かれた画はリアリズムの手法をとっていない。天保十二年（一八四一）の有名な「千山万水図」を描く少し前、崋山は弟子の一人に宛てた手紙に次のように書いている。

……上には主君と親に対する責任があり、下には妻子との絆があります。その上、朋友との関係を断たれ、もの言えばそのために苦しみ、動けば法の網にかかります。大石を背負って渓谷に入り、足は萎え、尻は痛み、岩石や蔓草には足を取られ、さらに雨も降れば雪も降ります。呼べども答える者とてなく、叫べども助けてくれる者もいない有様です（第十章）

もとより崋山が獄に繫がれたのは、幕府の本丸目付で極度の洋学嫌いだった鳥居耀蔵の讒《ざん》言《げん》によるものだった。また蟄居中の崋山は、嫉妬など藩内の陰湿な人間関係や、根も葉もない噂に悩まされた。「この落ち込んだ気分の中で、崋山は現実からの逃避を切実に求めていたかもしれない」（第十一章）とキーンは推測する。

崋山が最も恐れたのは、蟄居中に画の売買を黙認したという理由で田原藩主にその責が及ぶことだった。最も信頼していた弟子の椿椿山《つばきちんざん》に宛てた遺書に、次の一節がある。

> ……私は老母に少しでもよい暮しをと願うあまり誤って、画を売りさばく半香《はんこう》（弟子の福田半香＝引用者注）の義捐《ぎえん》事業に乗ってしまいました。三月分まですでに描き上げ、あとは中断したままでいたところ、最近になって根も葉もない風聞が勝手に動きまわり、これは必ずや災いを招くに違いないと思うようになりました。主君の安危にもかかわることゆえ、今晩、自決することに致しました。（第十二章）

キーンは、自決前日に描かれた崋山最後の傑作「黄粱一炊図《こうりょういっすいず》」を読み解こうとする。中国の盧生《ろせい》の故事を描いたもので、出世を求めて放浪中の盧生は人里離れた邯鄲《かんたん》の村で道者の呂《りょ》翁《おう》に出会う。二人は一緒に茶店に入り、黄粱の粥を注文する。呂翁は枕を取り出し、粥が煮えるまで、盧生に昼寝をするように勧める。盧生は眠りに落ち、夢を見た。科挙の試験を高得点で通り、政府で高い地位を得た盧生は、名家の娘と結婚し、子孫は繁栄し、ついに八十歳で死ぬ。ここで盧生は目を覚まし、粥がまだ煮えていないことに気づく。功成り名を遂げた輝かしい一生は、すべて束の間の夢だった――キーンは、次のように書く。

> ……崋山の画は、翌日死ぬことを覚悟して絵筆を動かしている崋山の心の内を自ずと語

っている。崋山にとって今や明らかだったのは、画家としての名声も、藩政を切り回した家老としての成功さえもが、一抹の夢に過ぎなかったということだった。このような心の動きを映し出すように、画面全体には凄愴の気がただよっている。（第十一章）

さらにキーンは、この時期の崋山が虫魚を写実的に描いた十二画を収めた「崋山蟲魚帖」に触れ、その隠された意味について考える。ここに選ばれた虫たちは「蝶々ではなくてカマキリであり、共食いする虫たちであり、腐りつつあるハマグリやカキに群がる蠅だった」とキーンは指摘する。

崋山自刃を二週間後に知った松崎慊堂は、「崋山は杞憂を以て罪に罹り、また杞憂を以て死す」と日記に記した。評伝『渡辺崋山』の最後の一節は、次のように終わっている。

今日、崋山は徳川時代最後の画の大家として認められている。（中略）長年にわたって忘れ去られていた崋山の著作は「渡辺崋山集」全七巻として新たに編纂され、その代表作は他の近世思想家の作品と一緒に一巻に収められている。しかし崋山が将来の世代を惹きつけるとしたら、それは何よりも一箇の人間――貧窮と迫害に屈することなく画業に邁進し、忘れ難い肖像画の傑作群を残した人物としてではないだろうか。（第十二章）

3

崋山の次にキーンが「評伝」の対象に選んだのは、明治維新の前年に生まれ、俳句と短歌を革新したことで知られる正岡子規だった。

しかしキーンにとって、子規はただの俳人・歌人ではなかった。才気あふれる子規は十一歳から漢詩を作り、俳句、短歌はもとより、ヨーロッパの影響を受けた新体詩に挑戦し、さらに明治を舞台にした能作品を書き、小説にも手を染め、最後は病床にあって比類ない随筆を書き続けた。批評家としては紀貫之を「下手な歌よみ」として斥け、芭蕉の俳句は大半が「悪句駄句」と言い放つ。度胸があって、機知に富み、ユーモアを解し、一方で十六世紀初期から十八世紀末までの三百年間にわたる膨大な俳句を、主題別に分類した『俳句分類』という忍耐強い仕事を見事にやり遂げている。

キーンの最後の評伝となった『石川啄木』を書き終えた時、キーンは筆者に言ったものだった。啄木の評伝は書きたくて書いた、しかし子規の評伝は書かなければならないと思って書いた、と。若くして啄木に親しみ、いちはやく *Modern Japanese Literature*（日本文学選集・近現代篇、一九五六年）に『ローマ字日記』の翻訳の一部を収録し、「友達になりたくないですが、実におもしろい人物です」と語っていたキーンのセリフとして、いかにも納得がいく。一方、子規がいなければ俳句も短歌も、漢詩のように衰退し、詩歌として生き続けることは出来なかったに違いない、というのがキーンの持論だった。だから、ぜひ「書かなければ」という気持に駆られて、子規の評伝を書き始めたというのも納得できる。

しかし、この稿を書くために改めて『正岡子規』を通読してみて、その子規に向けられたキーンの眼差しが、意外にも親密で共感に満ちたものであることに気づいた。言葉の世界のすべてに興味を持ち、決断が早く、考えるより先に身体が動いてしまう子規——キーンは、子規に自分の気質に通じるものを嗅ぎ取っていたかもしれない。ひょっとしたらキーンは、啄木よりむしろ子規の中に自分を見ていたのではないか。

まず、司馬遼太郎『坂の上の雲』にも登場する有名なエピソードから始めたい。正岡子規は明治十七年（一八八四）九月、東京大学予備門を受験。その時の英語の試験にまつわる失敗談を、子規は『墨汁一滴』に書いている。

……其時或字が分らぬので困つて居ると隣の男はそれを「幇間《ほうかん》」と教へてくれた、（中略）併しどう考へても幇間では其文の意味がさつぱり分らぬので此の訳は疑はしかつたけれど自分の知らぬ字だから別に仕方もないので幇間と訳して置いた。今になつて考へて見るとそれは「法官」であつたのであらう、それを口伝へに「ホーカン」といふたのが「幇間」と間違ふたので、法官と幇間の誤などは非常の大滑稽であつた。

これは試験に出たjudicatureという単語をめぐっての一節だが、あまりに出来過ぎていて子規の作り話の匂いがしないでもない。続けて、「試験受けた同級生は五六人あつたが及第したのは菊池仙湖（謙二郎）と余と二人であつた」と子規は記している。

これを受けて評伝『正岡子規』は、「子規が試験に及第したのは、かりに『ホーカン』の意味を知らなかったとしても、子規が同級生たちより英語が出来たことを示している。自分は英語が苦手だと執拗に繰り返す子規の言葉は、眉に唾して読んだほうがいいかもしれない」（第二章。以下、単行本から引く）と指摘する。

さらに、「子規は自分に英語の力がないことを、繰り返し述べている。子規研究家は一般にこの子規の言葉を事実として受けとめているが、子規の英語力は決して馬鹿にしたものではなかった」と強調する。

その例に挙げたのは、明治二十三年（一八九〇）の第一高等中学校時代に子規が授業で書いた答案だった。「冒頭の一節を読むと子規の英語の力がよくわかる」とキーンは言う。子規の英文を添削したのは、当時同校で教鞭をとっていた著名な歴史家ジェームズ・マードックだった。「マードックの添削は細かく行き届いたものだが、子規が自ら言っているように英語の力が絶望的であることを示すほど手厳しいものではない」とキーンは指摘し、第二章註20に次のように書く。

……マードックは、明らかに子規のエッセイが気に入った。子規の英文はマードックの薦めで、雑誌 *The Museum*（明治二十三年七月九日号）に発表された。マードックの英語のクラスで同じ課題について書いた漱石の英文が同号で子規の前に掲載されていることから見て、子規は英語の実力で漱石の次に評価されていたことがわかる。（中略）また、子規は英語で演説もしていて、明治二十二年二月五日に行われた「英語会」のプログラムには子規が“Self-reliance”の題で、漱石が“The Death of My Brother”の題で演説したことが記されている。

英語が苦手と自ら吹聴し、また誰もがその言葉を信じていた中で、実は、子規は英語に堪能だった——この事実を指摘したのは、ドナルド・キーンが初めてではないか。二年後に子規が書いた芭蕉についての英文エッセイについて「英語の間違いがほとんどない」と言い、その子規の英文を掲げた後、次のように書く。

自分の英語が目覚しく上達したことに、子規は気づいていないようだった。あるいは子規は、群を抜いて英語が優れていた級友の夏目漱石と自分とを比較していたかもしれない。しかし、この芭蕉のエッセイを書く頃までに子規が原書で読んでいた本を列挙していけばわかるように、子規はかなり難解な作品をも理解する力を持っていた。子規の手紙、とりわけ漱石に宛てた手紙には、自分が特に感動した英国の詩が幾つも引用されている。子規は、英語の原書を買い続けた。子規が死んだ時、その蔵書にはミルトン、バイロン、ワーズワースなどの詩の本と並んで哲学、歴史の本があった。子規は、これらの本を持っていただけでなく読んだのだった。（傍点引用者）

英語の詩を読むことで、子規は多くのものを吸収した。キーンは子規の新体詩に触れたくだりで、「本人が英語の力不足を強調しているにも拘らず、子規の新体詩は英語の詩から多くのものを得たことを示している」（第八章）と認め、また随筆「我邦《わがくに》に短篇韻文の起りし所以を論ず」を批評した文中で、「こうしたロマン主義的な見解は、間違いなく子規がヨーロッパの詩歌を読んでいたことを示すものである」（第九章）と指摘する。さらに、第三章の次の一節。

……子規は抽象的思考や方法論にほとんど興味がなかった。他人の作品に対する子規の批評は、作品の文学的価値に対する直覚的な理解に基づいたもので、内容の分析や評価に基づくものではなかった。子規は感銘を受けた作品から、自分が必要とするものを取り出した。明治二十二年、ハーバート・スペンサーの *The Philosophy of Style*（文体論）を読み、「文章は短ければ短いほど良い」という金言にいたく感動し、これが文章を書く上での子規の基本原則となった。子規はまた芭蕉の有名な「古池や蛙飛び込む水の音」を論ずるにあたって、スペンサーの"minor image(s)"（断片的な影像）を引用し、ふだん気づかないような何でもない「一部」を通して詩人は「全体を現はす」のだと言っている。

ちなみに、「抽象的思考や方法論にほとんど興味がなかった」という子規の性癖は、そのままキーンに当てはまる。また第五章で、キーンは次のようにも書く。

子規は小説「銀世界」で、ことあるごとに難解な漢文の言い回しを挿入したがる日本人をからかった。まったく同じことを子規は、これ見よがしに自分の発言を英語で飾りたがる知識人たちについても感じていた。しかし子規は、日本語よりも自分の言いたいことがよりよく表現できるような時は、躊躇することなく英語を使った。

英語に堪能で極めて聡明な人物だった子規は、言葉のあらゆる領域で挑戦を重ねた。たとえば「七草集」で子規が示したのは、「詩であれ散文であれ、漢文であれ和文であれ、自分が選んだ方法で自由に書けるだけの言語の技巧、文体の技巧を子規が持っているということだった」（第三章）とキーンは指摘し、そこに収録されている子規唯一の能について「これは、あるいは明治日本を舞台にした最初の能作品であったかもしれない」として、かつて子規が仮寓していたことのある向島長命寺の桜餅屋を舞台にした「能」を丁寧に読み解いている。

また、明治二十八年（一八九五）の子規の代表的な批評『俳諧大要』の書き出しの一節、「俳句は文学の一部なり文学は美術の一部なり故に美の標準は文学の標準なり文学の標準は俳句の標準なり即ち絵画も彫刻も音楽も演劇も詩歌小説も皆同一の標準を以て論評し得べし」を引用し、次のように書く。

子規がこうした断定的な表現を用いたのは、明らかに読者を驚かすためだった。明治時代まで、それぞれの芸術は全然別のもので互いに他と関係ないものと見なされていた。今日「文学」の名称でまとめられているジャンルすべてを統合する日本語は存在しなかったし、詩歌や演劇、小説が同じ批評作品の中で論じられることもなかった。同様に個々の詩歌を指す名称（和歌、漢詩、発句、等々）はあったが、これらすべてを統合する名称はなかった。それぞれ異なる芸術を相互に結びつける共通の絆は、ふつう無視されていた。（第六章）

その注目すべき例外として、キーンは芭蕉の『笈《おい》の小文《こぶみ》』から「西行の和歌における、宗祇の連歌における、雪舟の絵における、利休が茶における、其貫道する物は一なり」の一節を引き、しかし芭蕉と子規の違いを次のように説く。

芭蕉は、見たところ異なっているように見えるこれらの芸術が、自然および四季に密接に関係している点で同等であることを理解していた。芭蕉が自分自身を表現するのに選んだのは短歌でも漢詩でもなく俳句だったが、他の形式にも詩があることに芭蕉は気づいていた。（中略）子規は、これらの詩歌の形式すべてで書き、一人の人間が三つの形式で書くことは出来ないという説を認めなかった。

言うまでもなく子規の挑戦は、これら「三つの形式」に止《とど》まらなかった。たとえば全部で九十篇ほどある子規の新体詩について、キーンは次のように書く。

……子規の新体詩は、子規の俳句や短歌ではめったに見られない形で様々な感情を喚起する。個人的な気持を見せようとしない子規の生まれ持った性格が、俳句や短歌では読者との間に距離を保たせている。

新体詩を作る子規の実験の中には、押韻《おういん》の使用が含まれていた。（第八章）

押韻を用いた新体詩として子規が養祖母を詠んだ「老嫗《ろうう》某の墓に詣《まう》づ」を例に挙げ、キーンはその価値を次のように説いている。

……押韻は何か意外で困難なものがなければ記憶に残らないが、日本語ではそれが簡単に出来てしまう。すべての言葉が五つの母音の一つで終るから、押韻は平凡過ぎて気づかないまま通り過ぎてしまう。それでもなお子規の新体詩は、批評家たちが言うように引き伸ばされた俳句や短歌に過ぎないものとして斥けられるべきではない。子規は墓について書くだけでなく、自分の喪失感を伝えている。その親切が自分の少年時代を堪えられるものにしてくれた老女の思い出を、子規は捜し求めている。これは子規が老女の墓を訪れた最初ではなくて、以前にも来たことがあった。しかし三年経って来て見れば、驚いたことに尾根にも谷にも見渡すかぎり墓が満ち満ちていて、どれが老女の墓か子規は途方に暮れる――この新体詩は、あまり引用されることがないが、子規の俳句や短歌と同じく私を感動させる。（傍点引用者）

漢詩については、「子規について議論されることが少ない今一つの詩歌は漢詩だが、この詩歌の形式は十一歳で初めて漢詩を作った時から生涯を通じて子規には不可欠のものとなった」と指摘し、「中学時代の子規は、趣味で漢詩を作る級友たちの仲間に加わって毎日のように漢詩を作っていた。ヨーロッパで言えば、定期的に集ってラテン語で詩を作ることを楽しんだ英国の学生たちのようなものである」と続ける。

子規は勿論、小説にも挑戦した。「自分独自の俳句が作れるという自信を得たと思われるまさにその時、代わりに子規が打ち込んだのは子規自身が『小説』と呼ぶ散文作品を書くことだった」（第四章、傍点引用者）とキーンは言い、めったに取り上げられることのない小説『銀世界』を丹念に読み解く。しかし、どのような言葉や文体で書くか、子規はまだ決めていなかった。

……子規が熱中する対象は、目まぐるしく変わった。明治二十三年（一八九〇）に子規は書いている。馬琴を読めば馬琴に惚れ、春水を読めば春水に惚れ、西鶴、近松を読めば元禄文にうつつを抜かし、源氏を読めば中古の文体を慕う、と。青年時代の子規は、坪内逍遥の著作や二葉亭四迷の『浮雲』のような作品を素晴らしいと思っていた。最近では、夜店でたまたま見つけた幸田露伴の短篇小説『風流佛』（一八八九）に心底びっくりしてしまった。井原西鶴を思わせる『風流佛』の文体に心を奪われ、子規は小説『月の都』を書いた。「露伴が西鶴の文体を使ったことに子規は感嘆し、これが文語体の宝庫を棄てないという子規の決意を強めた。二葉亭四迷が使った口語体は確かに生き生きとしているが、それが果して美しいものになり得るかどうか、子規は疑問だった。俳句であれ短歌であれ、口語体で詩歌を作ることに子規は断固反対だった。口語体は過去の文学と響き合うものもなければ、日本語に本来備わっている美しさもないのだった」とキーンは書く。

その「口語体」について子規は、明治二十二年（一八八九）に『筆まかせ』所収の「言文一致の利害」を書き、嫌悪感を表明している。その是非をめぐって、いかにもキーンらしい批判が展開する。

文章の後半で子規は、文語体の簡潔と口語体の冗長を対比させている。しかし、子規が言文一致に反対する主な理由は、文学は「多衆の愚民」にだけ向けて書かれるべきではないという信念にあった。（中略）作家は無教養な人々にもすぐわかる言葉だけを使うべきであるとする言文一致の主張は、作家の表現力をだめにすることになるのだった。

この子規の論法には、幾分不愉快な傲慢さがある。子規は無知な人間に同情のかけらもなく、自分が士族階級に属しているということを片時も忘れることがなかった。

しかし、のちに『病牀六尺』で子規の文体が変化したことをキーンは指摘する。

初期の随筆と違って、『病牀六尺』の大半は口語体で書かれている。読むと直に子規に接しているようで心動かされる思いがするが、子規は以前は言文一致を拒否していた。この時期から子規が発表する散文は、もっぱらこの言文一致の文体になるが、詩歌では相変

わらず古典的な日本語を使っている。（第十一章）

青年時代の子規は、馬琴の詩的文体に惹かれていた。「馬琴の小説は主に散文で書かれているが、五音と七音が交互に現れる伝統的な韻律に基づく一節を多く含んでいて、全体に詩的な調子が満ち溢れている。（中略）子規は馬琴の詩的文体に心を奪われたことがあった。子規の批評が長い間にわたって詩的でない言文一致の散文を拒絶してきたのは、あるいはそのせいであったかもしれない」とキーンは言い、「言文一致」を採るに到った子規の「豹変」ぶりを次のように書く。

……子規の態度は豹変した。随筆「叙事文」（明治三十三年）を書く頃には、すでに子規は自分が詩歌で唱えた飾りのない「写生」に相当する言文一致こそが、現実を描く最高の散文であると考えるに到った。子規が散文作家たちに勧めたのは、馴染みのない漢語などは極力避け、かりに郷愁的な連想を犠牲にすることになったとしても「詩的な」言葉は使わないようにすることだった。言文一致は、近代の文体だった。（第九章）

さて、その「写生」について。

まず、「子規は不折（画家の中村不折＝引用者注）に大いに感銘を受け、この二人の友情が俳句の歴史を変えることになった」とキーンは書く。二人の出会いは、そもそも新聞「日本」の社主で子規の大恩人だった陸羯南《くがかつなん》の着想がきっかけだった。当時の新聞としては異例のことだが、子規に編集を任せていた新聞「小日本」の子規の記事に、羯南は初の試みとして挿絵を入れることにする。そして応募してきた画家の中から、不折が抜擢された。「子規と不折は堅い友情で結ばれるようになったが、子規が別の随筆で触れているように一つの話題についてだけはまったく意見が合わなかった」（第六章）とキーンは指摘し、日本画の大変な崇拝者であった子規に対し、あくまで西洋画を支持する不折の意見を次のように代弁する。

……不折は、西洋画の真に迫っている事実性を主張した。一般に様式化された日本画と違って、西洋画は描く対象に忠実だった。その上、日本画は同じ景色を描いた他の絵画で見たことがあって誰もが美しいとわかっている景色だけを描く傾向があった。しかし西洋画はどんな景色でも、たとえそれが一見魅力のない景色であっても描く対象となるのだった。

さらに、「子規は、何よりも『写生』の重要性を教えてもらったことで不折に恩義があった」と書き、「子規は、写生の方法を自分の俳句の手本となる原理として取り入れ、のちにはこれを自分の画にも適用したのだった」と続け、次のことを指摘する。

写生俳句は、ある景色を観察した際の詩人の感情を描くものではないし、またその景色が蘇らせる思い出を描くものでもなくて、それはただ観察した対象そのものを描く。詩人が見た対象を正確に伝えれば伝えるほど、その詩は良くなるのだった。子規が古池に蛙の飛び込む芭蕉の有名な俳句を称えたのは、まさしくある瞬間に芭蕉が見た対象がそのまま表現されていたからで、これこそ写生の極致なのだった。

子規の長篇批評『俳人蕪村』を、キーンは「俳句史上最も重要な文章の一つ」と評価する。「子規の称賛がなければ俳人蕪村の評価は確実にもっと遅れたし、あるいはついに評価されるということもなかったかもしれない」と言い、ここでも不折からの恩義を強調する。

もし中村不折に出会わなかったら、子規の蕪村発見はなかったかもしれない。不折の提唱する写生の影響を受けた子規は、この方法を昔の俳句に見つけようとした。たとえば蕪村の俳句に写生を見つけると、子規は写生で詩歌を作ることが出来るようになり、それが最も子規らしい独自のスタイルを確立したのだった。

ちなみに、『墨汁一滴』で江戸後期の画家たち（酒井抱一《ほういつ》、谷文晁《ぶんちょう》等）に辛辣な批評を加えている中で、唯一称賛している渡辺崋山の画に対する子規の評価を、自ら崋山の評伝を書いたキーンは、子規の武士階級に対する「偏愛」に触れつつ次のように書く。

……渡辺崋山の画については、「華《ママ》山に至りては女郎雲助の類をさへ描きてしかも筆端に一点の俗気を存せず。人品の高かりし為にやあらむ」、崋山に至っては女郎や雲助の類さえ描いているが、その筆端に一点の俗気もないのは人品の高いせいであると思われる、と称えている。崋山に対する子規の称賛は、その作品に対する客観的な評価というよりはむしろ、武士階級に属する画家に対する子規の偏愛を反映したものであったかもしれない。

（第十一章）

最後に、キーンの註からぜひとも引用しておきたい一節がある。子規の死後の後始末を語るくだりで、キーンは子規の墓が禅宗でなく真言律宗の田端・大龍寺にあることに触れ、「正岡家の宗旨である禅宗に、子規が特に関心を見せたことはなかった」（第十二章）と書き、その註27に次のように記している。

子規が珍しく禅宗に言及している文章の一つは、『病牀六尺』の明治三十五年六月二日の項。「余は今迄禅宗の所謂《いわゆる》悟りといふ事を誤解して居た。悟りといふ事は如何なる場合にも平気で死ぬる事かと思つて居たのは間違ひで、悟りといふ事は如何なる場合にも平気で生きて居る事であつた」。

本文中でキーンがこの一節に触れなかったのは、さほど興味がなかったということかもしれない。あるいは、本文の流れの中でうまく登場させる場がなかったから、せめて註で触れておきたい、ということであったかもしれない。いずれにせよ、ここに引用された「悟りといふ事は如何なる場合にも平気で生きて居る事であつた」という一文は、子規の生き方を象徴する極めつけの傑作ではないかと思われる。

子規は結核から脊椎カリエスを患い、食欲旺盛ながら、さんざん苦しんだ末に若くしてこの世を去った。『病牀六尺』を読んだ時、筆者はなぜかこの一節を読み過ごし、キーンが註に書き留めて置いてくれたお蔭で、改めて子規の本文に立ち返り、何度も読み返した。それ以来、筆者はこれを勝手に解釈して「座右の銘」としている。すなわち、いつ如何なる時どんなことが起きても、つまり子規のように結核から脊椎カリエスになって死ぬほど痛い目に遭おうと、また筆者のようにドジばかり踏んで死にたいほど自分が厭になろうと、それを情けなく思ったり、悔やんだりしても無駄である。ましてや落ち込んだり、卑屈になるのは無意味である。起きてしまったことすべてを潔く受け入れ、それを自ら肯定し、平気で生きていること――これが大事なのだ、と。

子規の評伝が完結して間もなく、たまたま子規の辞世の句を掛け軸に仕立てたもの（もちろん複製）を古美術商で見つけた筆者は、これを『子規』完結の祝いとしてキーンに贈った。評伝『正岡子規』は、子規の最期を次のように記している。

……九月十八日朝、子規は最後の俳句となった三句を作った。いつも画を描くのに使っている唐紙《とうし》に、子規は走り書きのように句を書きつけた。妹の律《りつ》が、唐紙を貼り付けた画板を支えた。子規は何も言わずに書き、痰《たん》でのどをつまらせた。誰も一語も発しなかった。病人の咳の音が時たま起こるだけだった。子規がこの時書いた三句の最初の一句は、子規の辞世として知られることになる。

糸瓜《へちま》咲て　痰のつまりし　仏かな

この句で、子規は自分を死者（仏）に見立てている。厳粛な辞世であるにも拘らず、この句は俳諧味を帯びている。仏が痰をつまらせるという、いかにもそぐわない諧謔である。子規は、三行に分けた句の一行を書くごとに間を置き、書き終ると投げるように筆を捨てた。（中略）

明治三十五年九月十九日未明、子規は死んだ。三十五歳だった。（第十二章）

エピローグ――キーンさんとの時間

キーンさんは友達であると同時に先生、そして何よりも恩人だった。

初めてお会いしたのは三島さんが亡くなって二年後の一九七二年、わたしは二十四歳の駆け出しの英字新聞記者、キーン教授は五十歳で、すでに「海外の日本文学研究の第一人者」として知られていた。文京区西片のお宅の四畳半の座敷でインタビューしたその日から、わたしたちは飲み友達になった。いかにもキーンさんらしく床の間に擬した四畳半の一方の壁には、赤紫色の菊の花を描いた斉白石《せいはくせき》の軸が掛っていた。本物のように見えたが、キーンさんは「いえ、贋物です」。

そのインタビューの記事を届けた時、*Landscapes and Portraits* の本の見開きにサインしてくださった日付に、キーンさんは30 December 1971と書いた。それを見て「キーンさん、僕たちはすでに一年前から知り合いだったようですね」と言うと、「あ、確かに、そのようです。折角ですから、そのままにしておきましょう」とキーンさんは笑って応えた。学者ドナルド・キーンには、そうした剽軽なところがあった。

キーンさんは料理を作るのが好きだったが、西片のお宅で手料理を御馳走になったという記憶はない。マンションから白山通りを隔てた向かいに「万歳楼」という中国料理の店があって、そこで何度か紹興酒を飲みながら歓談した。ふだん日本人の客が頼まないような料理をキーンさんが頼むので、中国人シェフが感激して挨拶に出て来たものだった。

その西片のマンションが面している白山通りは、騒音がひどかった。もっと静かなところに引っ越したいと思っていたキーンさんは、やがて望み通りの場所を見つけた。それが、終の棲家となる北区西ヶ原のマンションだった。七階のキーンさんの部屋からの眺めは一望緑豊かな旧古河庭園で、そのこんもりと繁った緑の奥に鹿鳴館の設計者ジョサイア・コンドルが建てた洋館の屋根が見えた。「この景色ごと、わたしは買ったんです！」と、キーンさんが嬉しそうに言ったのを覚えている。

首尾よくそこに移ったのは、一九七四年。引っ越しには当時キーンさんの翻訳をしていた毎日新聞の徳岡孝夫さんと息子さんたち、中央公論社の前田良和さんなどが手伝いに来た。安部公房さん、安部公房スタジオの俳優さんたちも、お祝いに駆けつけた。わたしは当時、新聞社の組合の執行部にいて、たまたまその日は前日から徹夜の団交をしていた。あとあとまでキーンさんは、「あの日、手伝いに来なかったのは角地さんだけでした」と恨めしげに、というかユーモアたっぷりに嫌味を言うのだった。

北区西ヶ原に居を構えるにあたっては、親友の永井道雄さん（のちに文部大臣）、嶋中鵬二さん（中央公論社社長）から強く反対された。近所に友人もいない、旨いレストランも少ない、というのがその主な理由だった。しかし親友たちの反対を押し切って、キーンさんは北区西ヶ原を永住の地に選んだ。

西ヶ原のマンションに落ち着かれて、地元の商店街「霜降銀座」の肉屋、魚屋、八百屋さんにも馴染みが出来た頃、毎週のように食事に呼んでくださるようになった。キーンさんは、料理を作って友人に振舞うのが好きだった。しかし、あいにく親友たちには暇がなかった。永井さん、嶋中さん、安部さん、大江健三郎さん、徳岡さん、誰もが忙しかった。結局、一番暇なわたしに、その有り難い役割がまわってきたわけだった。

キーンさんから電話がかかってくると、いそいそと出掛けて行った。近所の洋菓子屋「カド」でデザート用のケーキを二つ買うこと、食後の皿洗いをすること――これだけが、わたしの務めだった。

まず、ソファーで、シェリーとチーズとフランスパンが出る。チーズは二種類、前もって冷蔵庫から出して、とろけて食べごろになっている。フランスパンは切って、いつもオーブントースターで温めてあった。シェリーは幾つか試したあと、「ドライ・サック」が旨いということになった。京橋の明治屋でしか手に入らず、いつも散歩がてらに買い置きしてくださっていた。

シェリーで三、四十分歓談したあと、キーンさんは料理のため台所に立つ。すでに材料は準備され、料理するだけになっている。こっちは煙草を吸いながらドライ・サックを飲み、好きなレコードを聴きながら料理が出来上がるのを待つ。いい香りが漂ってきて、しばらくたつと、「何もございません、が」と、最後の「が」に強いアクセントを置いて、テーブルに呼んでくださる。

キーンさんが作るのは西洋料理だから、出るのはいつもワインだった。それも最高級のワインで、キーンさんはワインに詳しかった。食事は牛のフィレ肉のレア・ステーキが多く、鶏の胸肉とアボカドの料理、海老とグリーンピースの料理が得意だった。のちにビーフストロガノフ、海老のリゾットが新たにメニューに加わった。最高級の赤ワインと白ワインが、それぞれどういう味がするものか、食事ごとに繰り返し飲むことによって、無言のうちに教わったような気がする。赤ワインは「くぐもった」とでも言うほかない味で、白ワインは濃厚なくせにサラッとした辛口で、こればかりは、繰り返し飲んで味を知るほかない。しかもキーンさんのところで飲むワインは、銘柄や年代は違ってもいつも同じ味、つまり本物の味がした。

キーンさんは話好きで、話題が豊富だった。わたしは、ただ聞き上手でありさえすればよかった。話をしている途中で何か思いつくと、唐突に「この話、しましたっけ?」と言って、それまでの話の流れから別の話が始まるのだった。しかも、「この話」というのは、いつも初めて聴くものばかりで同じ話が繰り返されるということがなかった。この人の頭の構造は、いったいどうなっているんだろう、と驚嘆するほかなかった。

フランス文学の話からラテン・アメリカ文学、好きな室内楽、マリア・カラスなどオペラ歌手の思い出、先輩の東洋学者アーサー・ウエーリ、ケンブリッジで知り合った哲学者のバートランド・ラッセル、小説家のＥ・Ｍ・フォースター、ニューヨークの社交界で親しくなった女優グレタ・ガルボの話が出てくる。チェロのフォイアマン、スウェーデンのテナー歌手ビョルリングを初めて聴かせてくれたのもキーンさんだった。ポルトガルのどこかで食べた旨い料理の話、マダガスカル島で会った一風変わった人物のエピソード、あるいは親しい日本の作家たちの意外な素顔――こうした話題が、分け隔てなく同等に、次から次へと繰り出されるのだった。

そういえば大江健三郎さんの話をしていた時、いきなり「わたしは大江さんのためなら、この片腕を取られてもいいんです」と言われて、びっくりしたことがある。安部公房さんが亡くなられた時、安部さんの話がひとしきり続いた後、ちょっとしんみりしてしまったので、わざと陽気な調子で、「キーンさんは、どんな死に方がいいですか」とお聞きした。すかさず明るい声で、「客死がいいですね」という言葉が返ってきた。旅先の異郷での死――いかにも気儘な一人暮しで旅好きな、キーンさんならではの応えだと思った。

ある日、三島さんが自決する前にキーンさんに宛てて書いた遺書を見せてもらった。西ヶ原の応接間のテーブルで開いて見たのは、間違いなく折りたたんだ巻紙の和紙に墨で書かれた文字だった。書き出しの「小生たうとう名前どほり魅死魔幽鬼夫になりました」という墨の筆跡まで、はっきりと覚えている。しかし、だいぶ後になって実物を確認したところ、それは便箋二枚にペンで書かれていたのだった。三島由紀夫の遺書が、便箋にペンなどで書かれていていいものだろうか。キーンさんは、いつもの諧謔まじりの口調で、「角地さんが間違いなく見たのであれば、おそらく遺書は和紙に筆で書かれたものと、便箋にペンで書かれたものと二通あったでしょう。しかし、どうやら和紙の方は角地さんが見て以来、行方不明になったようです」と笑うのだった。自分の記憶というものがまったく当てにならないということを、この時ほど思い知ったことはない。

飲み友達としての十数年が過ぎた頃、「よかったら、翻訳をしてくださいませんか」と頼まれた。最初の近世篇から『日本文学史』の翻訳をなさっていた徳岡さんが、ある事情で続けられなくなって、キーンさんは困っていたようだった。それまで翻訳などしたことがなかったわたしは、キーンさんが読んでチェックしてくださるのなら、ということを条件に引受けた。こうして『日本文学史　近代・現代篇』の残りの数章に始まって、新たに連載されることになる『明治天皇』から『足利義政と銀閣寺』『渡辺崋山』『正岡子規』『石川啄木』まで、評伝すべての翻訳を担当することになった。

さらに、その合間を縫って、読売新聞には毎週『私と20世紀のクロニクル』(のちに文庫化するにあたって『ドナルド・キーン自伝』と改題)が一年間連載され、「文學界」には『日本人の戦争　作家の日記を読む』四百枚が一挙掲載された。『日本人の戦争』はキーンさんが一気に書き下ろし、わたしに翻訳させ、珍しくご自分から出版社に持ち込んだ原稿だった。よほど書きたかったテーマであったに違いない。

そういえば、『明治天皇』が出てから何年もたった頃、いつものように飲んでいる時だった。前後の脈絡なく、いきなり「キーンに明治天皇を書かせろ、と言ったのは、どうやら齋藤十一さんらしいです」と、キーンさんが言った。なんとなく嬉しそうな、誇らしげな顔だった。「新潮社の陰の天皇」と言われ、文芸誌「新潮」を軌道に乗せ、「芸術新潮」「週刊新潮」を創刊し、「フォーカス」で写真週刊誌ブームを作った企画力抜群の名編集者・齋藤十一さんのことである。

千ヶ滝にあるキーンさんの小さな山荘に、何度か呼ばれたことがあった。北佐久郡軽井沢町にキーンさんが土地を購入したのは一九六四年で、親友の永井道雄さんの勧めによるものだった。その永井さんの別荘から急な山道を下ったところに、キーンさんは十坪ほどの「庵」を建てたのだった。当時は、山荘のすぐ近くに瀟洒な木造のグリーンホテルがあり、ちょっと歩くと西武デパートの出店があって、その中庭で楽焼をやっていた。わたしは茶碗に絵付けして焼いてもらい、キーンさんには皿に文字を書いてもらった。筆をとると、いきなりキーンさんは杜甫の詩の一節を書いた。「人生不相見　動如参與商」の二行だった。人生相見ざること、動《やや》もすると参《しん》と商の如し、と読む。参と商は、それぞれ冬と夏の星座だから同時に同じ空で見ることがない、つまり、友とはなかなか会い難いものだ、という譬えである。しかし、なぜかキーンさんが皿に書いた二行は、参と商の文字が入れ替わっていた。書いてからそれに気づいたキーンさんは、こういうのを「弘法にも筆の誤り」と言います、と笑った。この皿は、今も部屋に掛けて大事にしている。

キーンさんと対談、というよりはわたしが質問してキーンさんが応えるという形の対談を、お住まいのある北区で三回やったことがある。会場はいつも満席で、キーンさんの人気のほどがわかった。最初の田端文士村記念館で、わたしはキーンさんのお墓の話を持ち出した。すでにキーンさんが日本に自分の墓を建てたいと思っていたことは、ふだんの付き合いで知っていたから、それを思い切って公の席で話題にしてみたのだった。たしかキーンさんが望ましい場所として挙げたのは、『源氏物語』ゆかりの石山寺、琵琶湖に近い美しい三井寺《みいでら》、函館の海を一望できる啄木の墓のある立待岬の小高い丘――この三ヶ所だったと思う。結局、キーンさんが選んだのは北区西ヶ原の自宅マンションに隣接し、四十年以上にわたって散策で馴染んできた「無量寺」だった。都会の喧騒から離れて、ひっそり静まり返っている弘法大師ゆかりの由緒ある寺で、そこに生前に墓を建てられた。

昔、キーンさんのニューヨークのご自宅にお邪魔したことがある。キーンさんが日本におられる夏の間に、その留守宅をお借りする形で一週間ほど滞在した。家内と、まだ赤ん坊だった娘が一緒だった。そこはコロンビア大学が所有する二十世紀初頭に建てられたアパートメントの十一階で、ハドソン川沿いの公園に面していた。書斎は広く、天井は見上げるように高く、一方の壁がすべて本棚になっていた。その片隅に、懐かしい垂水書房版『吉田健一著作集』が並んでいた。箱から出して表紙を開くと、すべての巻に「竒院先生　健一」と吉田さん独特の筆跡でペンのサインが入っていた。

二〇一一年、ニューヨークを引き払うにあたって、キーンさんは蔵書をすべて整理された。西ヶ原の自宅で手元に置く本、コロンビア大学の図書館、ドナルド・キーン・センター柏崎、そして地元の北区立中央図書館に収める本、それぞれ行き先を考えて整理し、処分なさった。有り難いことに、吉田健一のサインの入った垂水書房版著作集は、わたしのために取って置いてくださった。

キーンさんは陶器、磁器を問わず焼物が大好きで、家の中には所狭しと、朝鮮半島や中国、日本の壺、皿が飾ってあった。どこか地方へ講演に行かれた時は、必ずぐい飲みを土産にくださった。イタリアに行かれた時も、「これは昔、火山の噴火で取っ手が溶けたグラスです」と、まことしやかな解説付きで、ぐい飲みのような薄青色のガラスの杯をくださった。

キーンさんの所蔵品の中で、かねて眼をつけていた焼物があった。安部公房さんからもらったという辻清明作、信楽《しがらき》の大振りの茶碗だった。八十歳を過ぎた頃だったろうか、その茶碗と、やはり辻清明作の信楽のぐい飲みを、揃いでくださった。「いつ死ぬかわかりませんし、死んだら、ここにあるものもどうなるかわかりません」と言って、形見分けのつもりだった。のちに養子となる淺造（キーン誠己さん）が現われる前の話で、わたしは有り難く頂戴した。手触り、色合い、艶ともに申し分なく、特にぐい飲みは毎晩の独酌の相手になっている。

まだキーンさんがニューヨークと東京を往復なさっていた頃、日本の大学で日本文学を教えていたお弟子さんのジャニーンが、わたしに言ったことがある、「キーン先生が日本に来ると、急に陽が差して、あたりが明るくなったような気がする」と。わたしも同じような印象を受けたことがあり、この言葉が記憶に残った。

キーンさんという陽の温もりを一身に浴びて、その恵みに守られて生きて来たような気がする。あの力強い眼差しと笑顔、その笑い声が、わたしの記憶から消えることはない。

あとがき

ひょっとしたらドナルド・キーンは、日本で正当に評価されたことがないのではないか、という素朴な疑問から本書は生れた。もとよりキーンは、数々の文学賞など名誉ある賞に輝き、外国人として文化勲章までもらい、のちに日本に帰化して話題にもなった。世間でのドナルド・キーンの評判は上々で、『明治天皇』を始めとして愛読者が数多くいたことは、その本の売れ行きから見ても間違いない。

しかし、たとえばドナルド・キーンが四半世紀を費やして読み、そして書いた『日本文学史』に対して、国文学者ないしは日本文学研究家と言われる人々の誰が、学界やメディアを通してその内容を評価しただろうか。あるいは誰が、キーンの論説に対して反論を試みただろうか。

外国人だからもとより論ずるに足らず、相手にするまでもないということだったのか、それともその規模の大きさに単に怖気づいたのか、あるいは「通史」は自分の専門分野にあらずと斥けたのか、あるいはまた敬して遠ざけるという日本人独特の態度に出たのか——ともあれ、もし学界の誰かが匿名の揶揄でなく、正面切って学者ドナルド・キーンに反駁していたなら、あの柔和な風貌に似ず勝ち気で自信に満ちたキーンは喜んで論争に応じたに違いない。そして、もしその論争相手に実力を備えた恰好の人物を得ていたならば、あるいは司馬遼太郎との対談以上にスリリングな本が出来上がっていたかもしれない。

しかし残念なことにドナルド・キーンは、ただ無視された。「海外の日本文学研究の第一人者」という肩書だけが独り歩きし、日本のジャーナリズムから「ライフワーク」とまで言われた著作に対する評価さえ満足にされず、学者ドナルド・キーンの仕事は黙殺されたのだった。いや、そうではない、という確たる証拠があれば、ぜひともご教示いただきたい。筆者の知る限り、その毀誉褒貶を問わずキーンの『日本文学史』に直ちに反応を示したのは詩人であり、批評家であり、小説家であり、劇作家だった。国文学者ないしは日本文学研究家として知られる「専門家」たちは、その間、いったい何をしていたのか。

一方で、筆者が飲み友達として、また作品を翻訳することを通して知ったキーンの「実像」と、世間で盛んに持て囃されている「ドナルド・キーン」という「虚像」の間に、いつも歯がゆいまでのギャップを感じていた。その二つの「像」が歩み寄って、なんとか折り合いをつけてくれることを願って本書を書いた。

「別冊太陽」編集長の竹内清乃さん、「新潮」編集長の矢野優さん、「文學界」編集長の丹羽健介さんに感謝したい。また、本書の出版を陰ながら後押ししてくださった友人の浅造（キーン誠己さん）、文藝春秋の曽我麻美子さんに厚く御礼申し上げる。

書籍化するにあたって第四部「評伝を読む」を新たに、しかも直ちに書き下ろすよう筆者に命じたのは、本書の編集を担当してくださった文藝出版局第一文藝部長の田中光子さんである。本書にも収録した東洋大学での講演の折に、「『明治天皇』を書くことで、キーンの何が、どのように変わったか。それは、それについて原稿を一つ書くという具体的な作業をしてみなければわからない」と口走ってしまったのが運の尽きだった。こうして田中さんの繊細かつ大胆な編集作業のお蔭で、本書はまがりなりにも首尾一貫した形を成した。筆者はこれまで雑誌、著作、翻訳を問わず、いつも編集者に恵まれた。とりわけ、こうした形で本書を実現してくださった田中光子さんに深く感謝する。

本書に索引をつけることを思いついたのは、キーンに対するジョークのつもりだった。日本で出版される学術書・研究書に索引がないことが信じられない、というのが学者ドナルド・キーンの口癖だった。本書は、そもそも索引など必要としないはずの批評ないしはエッセイの書で、だからジョークである。この着想をおもしろがって、アッという間に索引を作ってくださったのも田中さんだった。索引だけ眺めていると、どんなに素晴らしい本かと錯覚してしまう。これに刺激を受けて、今後、あらゆる種類の本の著者が自分の本に索引をつけたくなるのではないだろうか。

最後に私事ながら、本書を捧げた磯名《いそな》はスイスのローザンヌの大学病院で小児科医をやっている筆者の娘で、赤ん坊の頃からキーンに可愛がってもらった。

いつだったか、キーンが聖路加国際病院に入院していた時、一緒に見舞いに行った磯名に、キーンは「ケンブリッジとオクスフォードと、どちらが好きでしたか」と尋ね、磯名が「ケンブリッジかな」と応えたら、「もちろん、そうでしょう！」と、我が意を得たりといった感じで嬉しそうに叫んだキーンの顔が忘れられない。磯名は、たまたまケンブリッジのキングス・コレッジとオクスフォードのペンブローク・コレッジ大学院の両方を体験した。一方、キーンはケンブリッジのコーパス・クリスティ・コレッジで五年間教えた後、美しい自然環境に恵まれたケンブリッジ大学から、後ろ髪を引かれる思いでニューヨークのコロンビア大学に籍を移したのだった。

磯名と一緒に本書を捧げたスヴェンドリニは、スリランカ人のジャーナリストで筆者の妻である。二人のそれぞれ何気ない一言がヒントとなって本書の構想が成った、と言っても過言ではない。臆面もなく娘と妻に本書を捧げる所以である。

二〇二三年五月吉日

角地幸男

ま行

や行

ら行

わ行

は行

た行

な行

か行

さ行

作品名索引

欧文

あ行

ら行

わ行

ま行

や行

な行

は行

た行

人名索引

あ行

初出

ドナルド・キーン小伝　「別冊太陽　ドナルド・キーン――日本の伝統文化を想う」　二〇一七年九月
私説ドナルド・キーン――異邦人の孤独　「文學界」二〇二二年八月号
十七歳の「フローベール論」　「新潮」二〇二二年六月号
二十代の「告白」――終戦直後に書かれた横山正克宛てキーン書簡を読む　「文學界」二〇二二年八月号
ドナルド・キーンから学んだ翻訳作法　東洋大学での講演　二〇二二年十一月二十四日
晩年の「評伝」三作を読む――明治天皇、渡辺崋山、正岡子規　書下ろし
エピローグ――キーンさんとの時間　書下ろし

DTP制作　ローヤル企画

著者略歴

一九四八年、東京・神田生れ。早稲田大学文学部仏文科卒。ジャパンタイムズ編集局勤務を経て、城西短期大学教授を務める。『明治天皇』（新潮文庫）、『日本人の戦争』（文春学藝ライブラリー）、『ドナルド・キーン自伝』（中公文庫）を始め、『渡辺崋山』（新潮社）、『正岡子規』『石川啄木』（ともに新潮文庫）などドナルド・キーン氏の著作の翻訳者。二〇〇二年、『明治天皇』の訳業で、毎日出版文化賞受賞。著書に『ケンブリッジ帰りの文士　吉田健一』（新潮社）。

私説《しせつ》ドナルド・キーン

二〇二三年六月三十日　第一刷発行

著　者　角《かく》地《ち》幸《ゆき》男《お》

発行者　花田朋子

発行所　株式会社　文藝春秋

〒102—8008　東京都千代田区紀尾井町三ノ二十三

電話　〇三—三二六五—一二一一

印刷所　萩原印刷

製本所　大口製本

ISBN978-4-16-391711-5